ARTIST

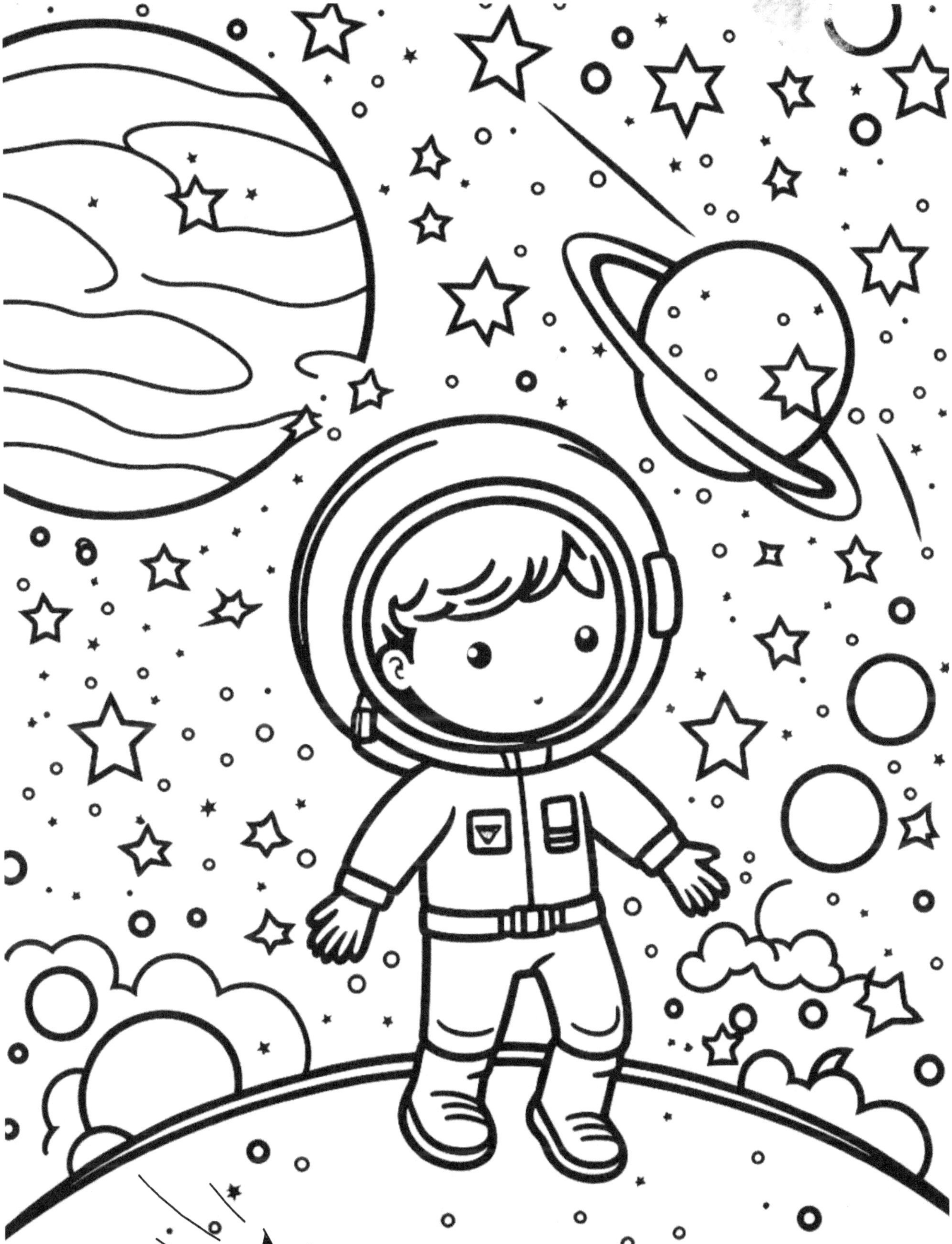
J&J

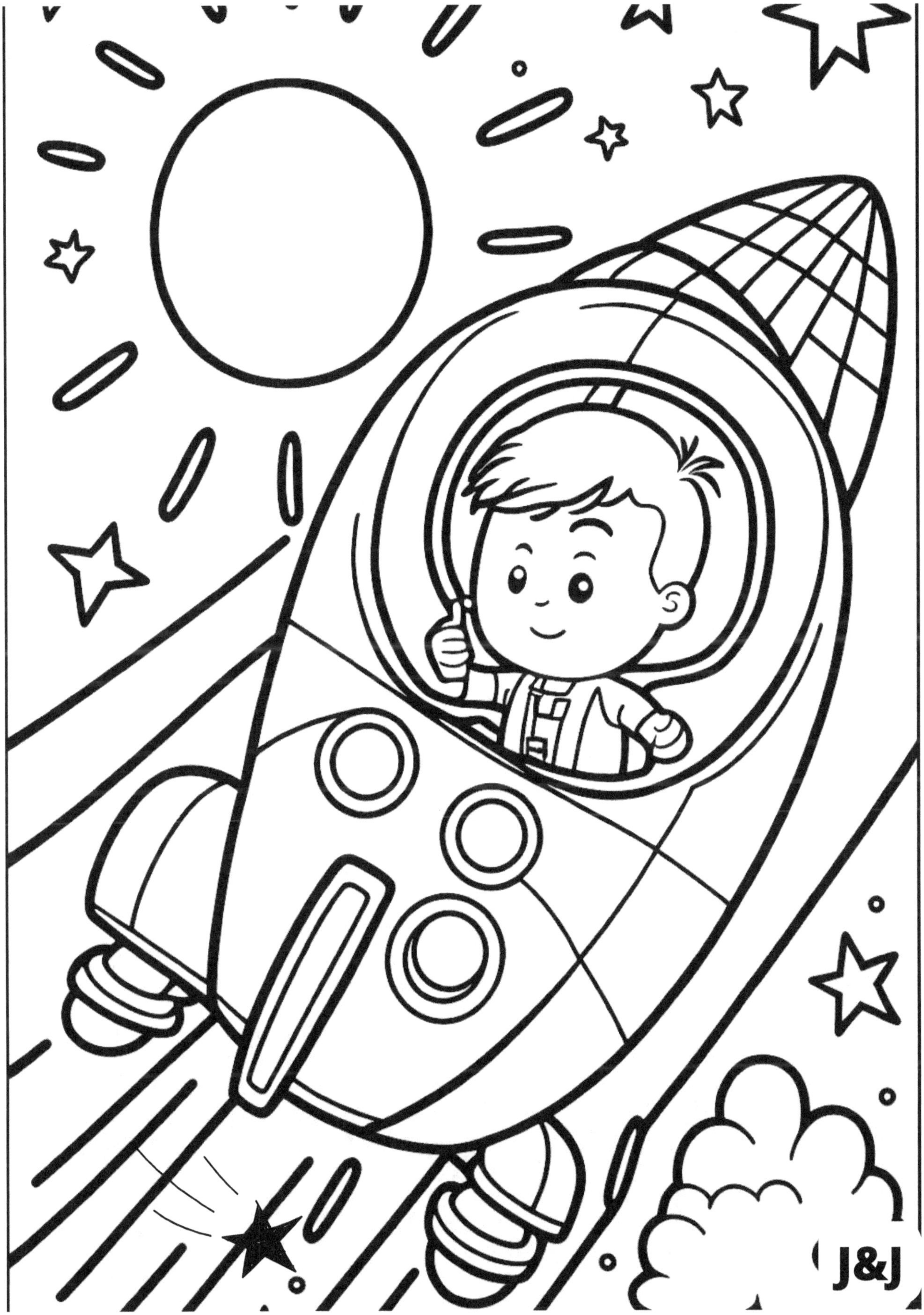
J&J

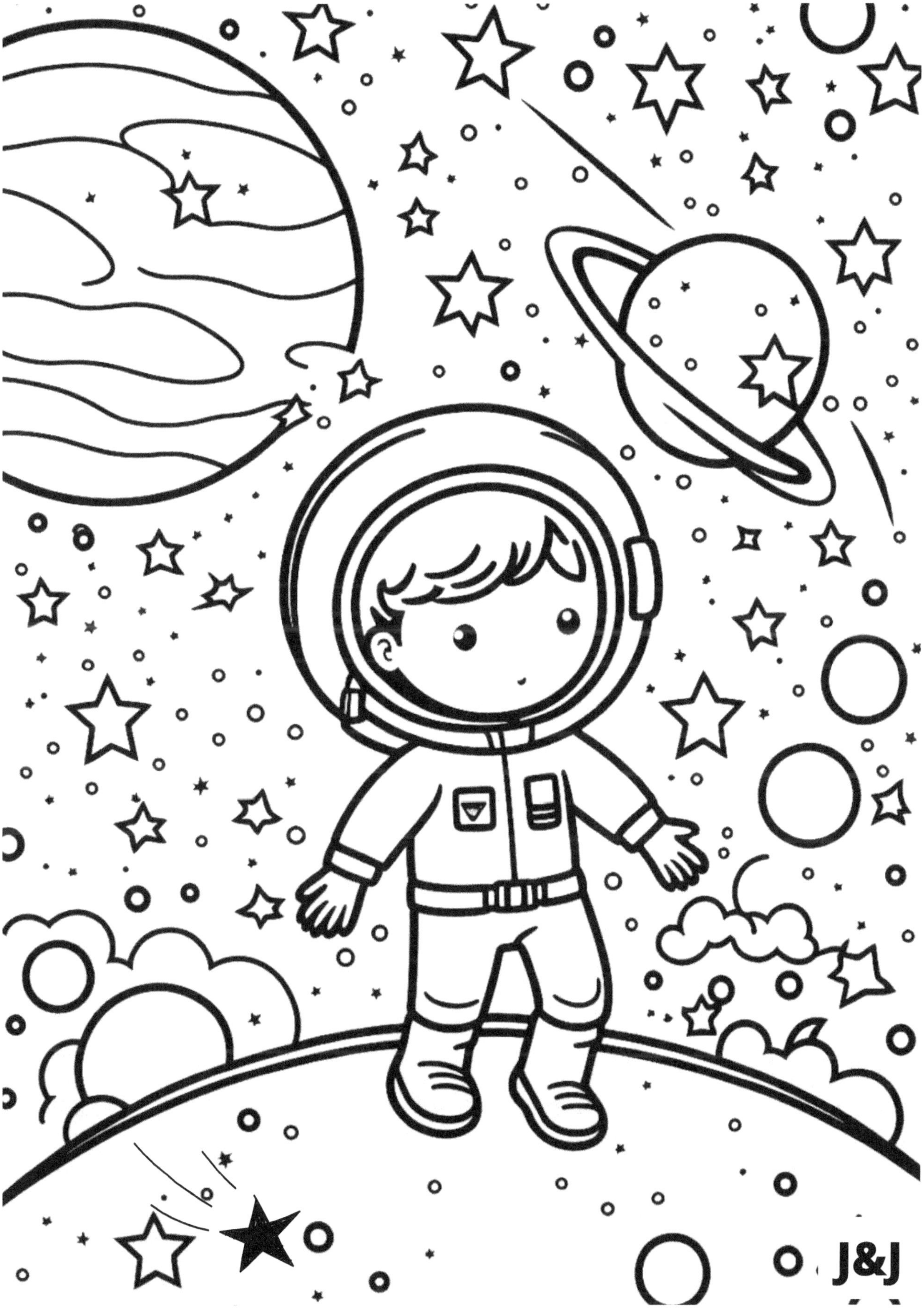
J&J

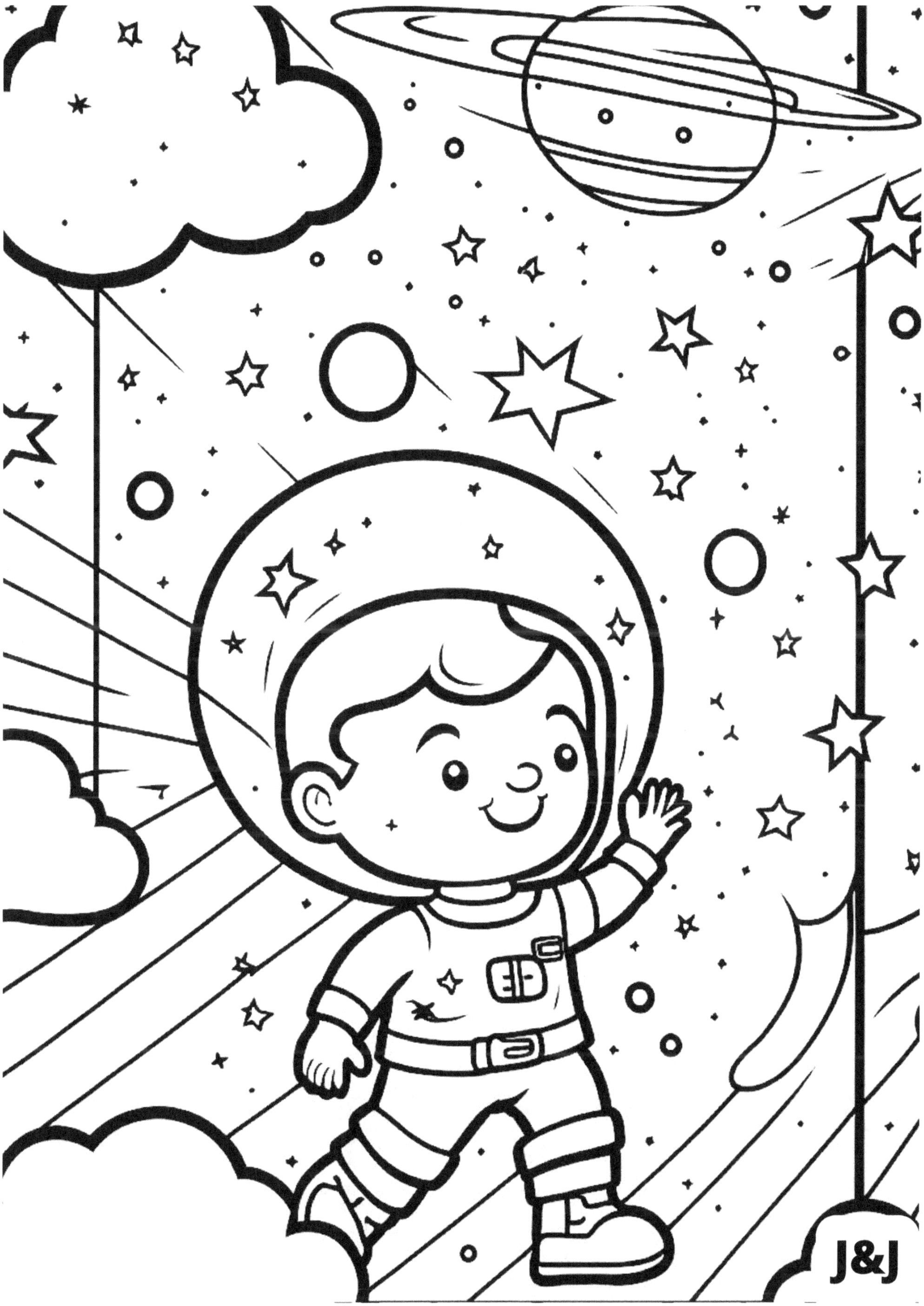
J&J

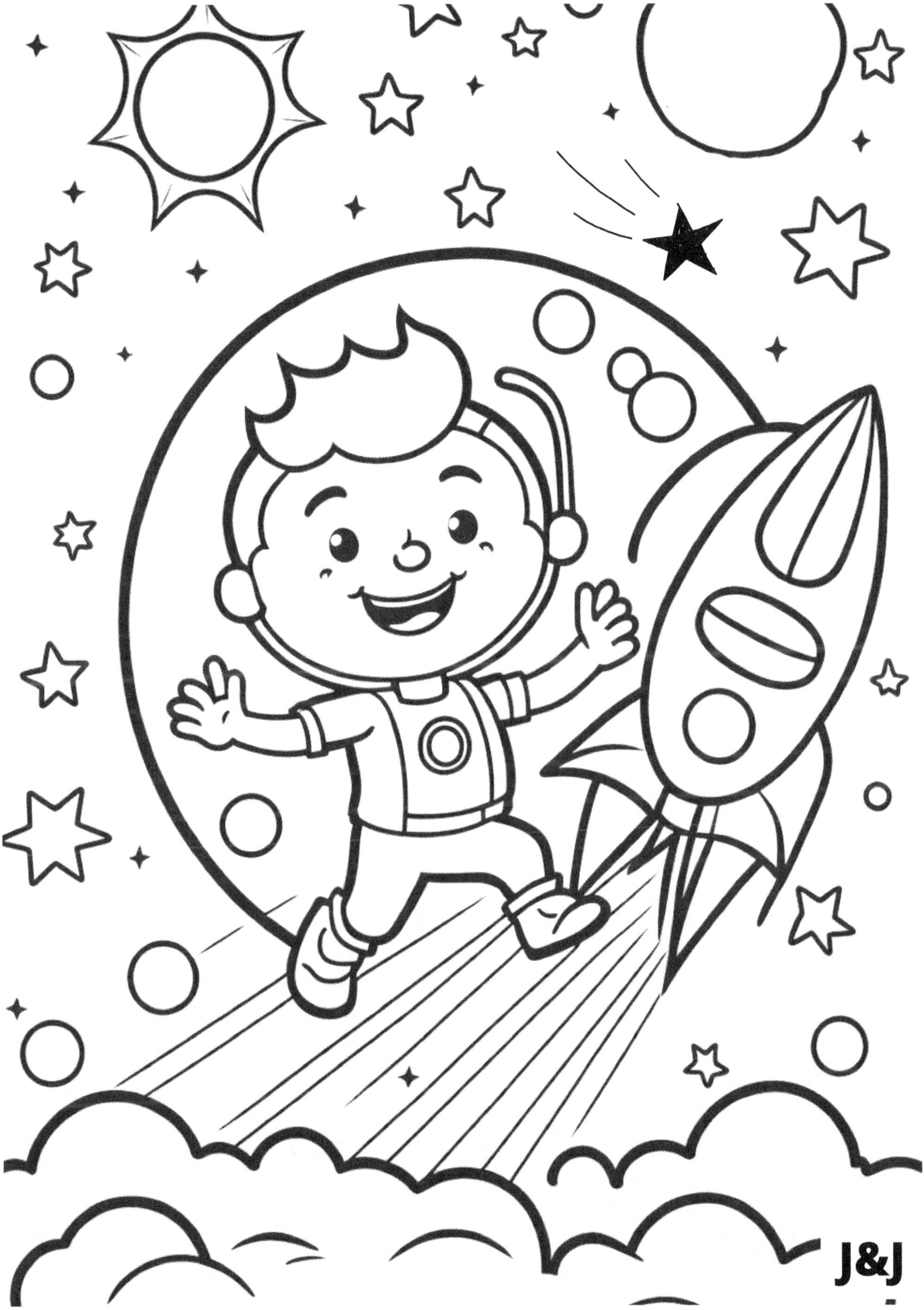
J&J

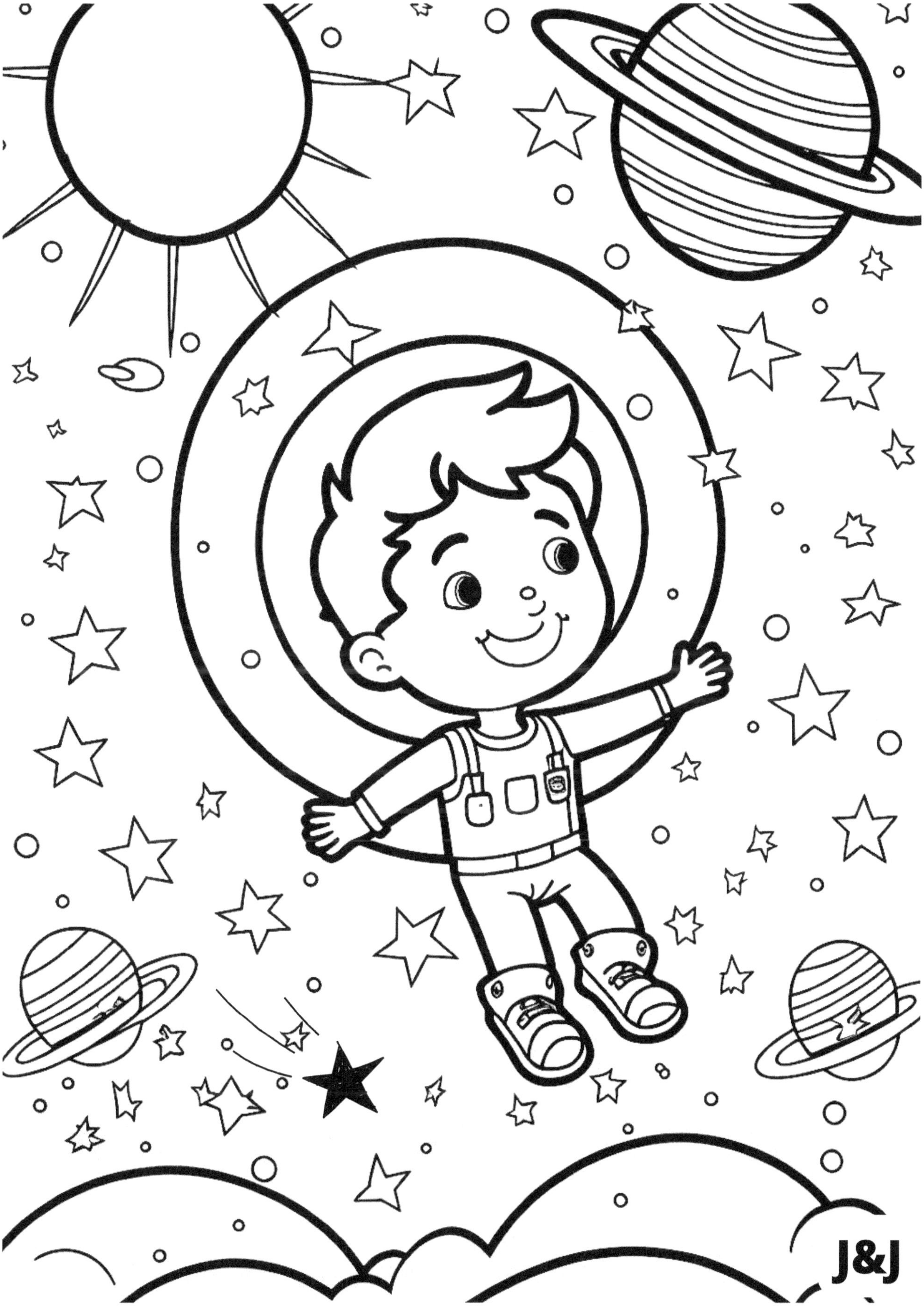

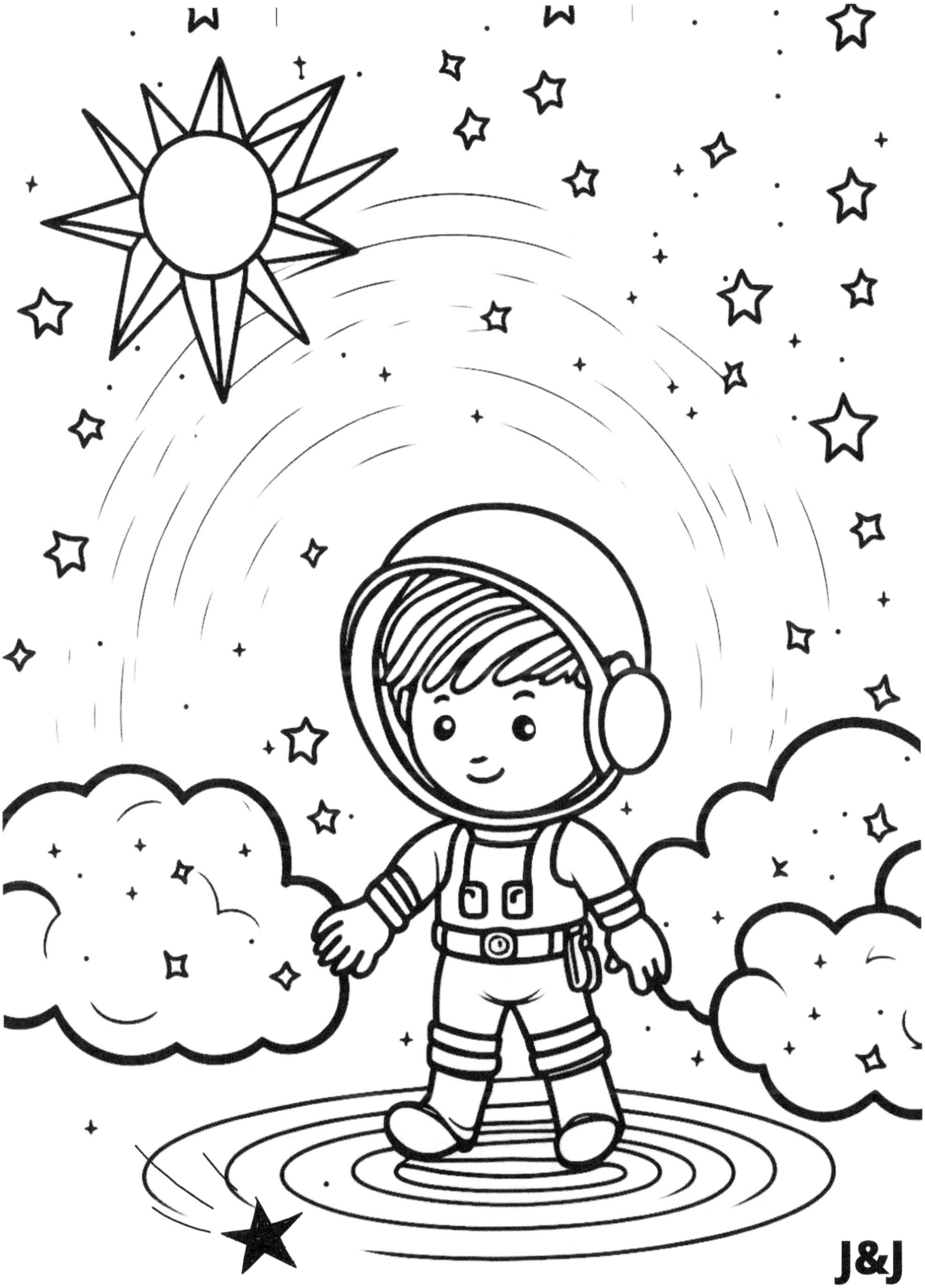

J&J

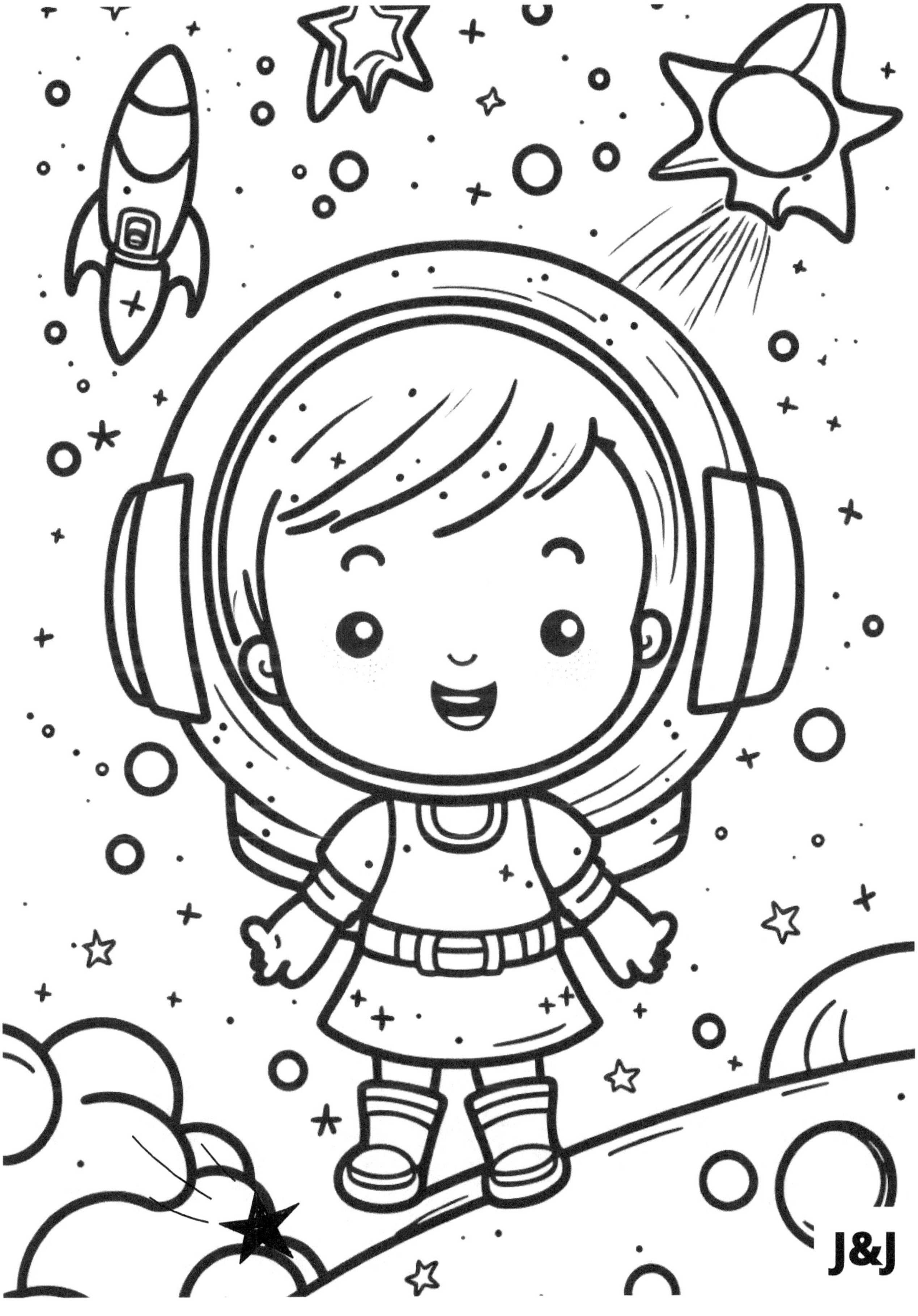
J&J

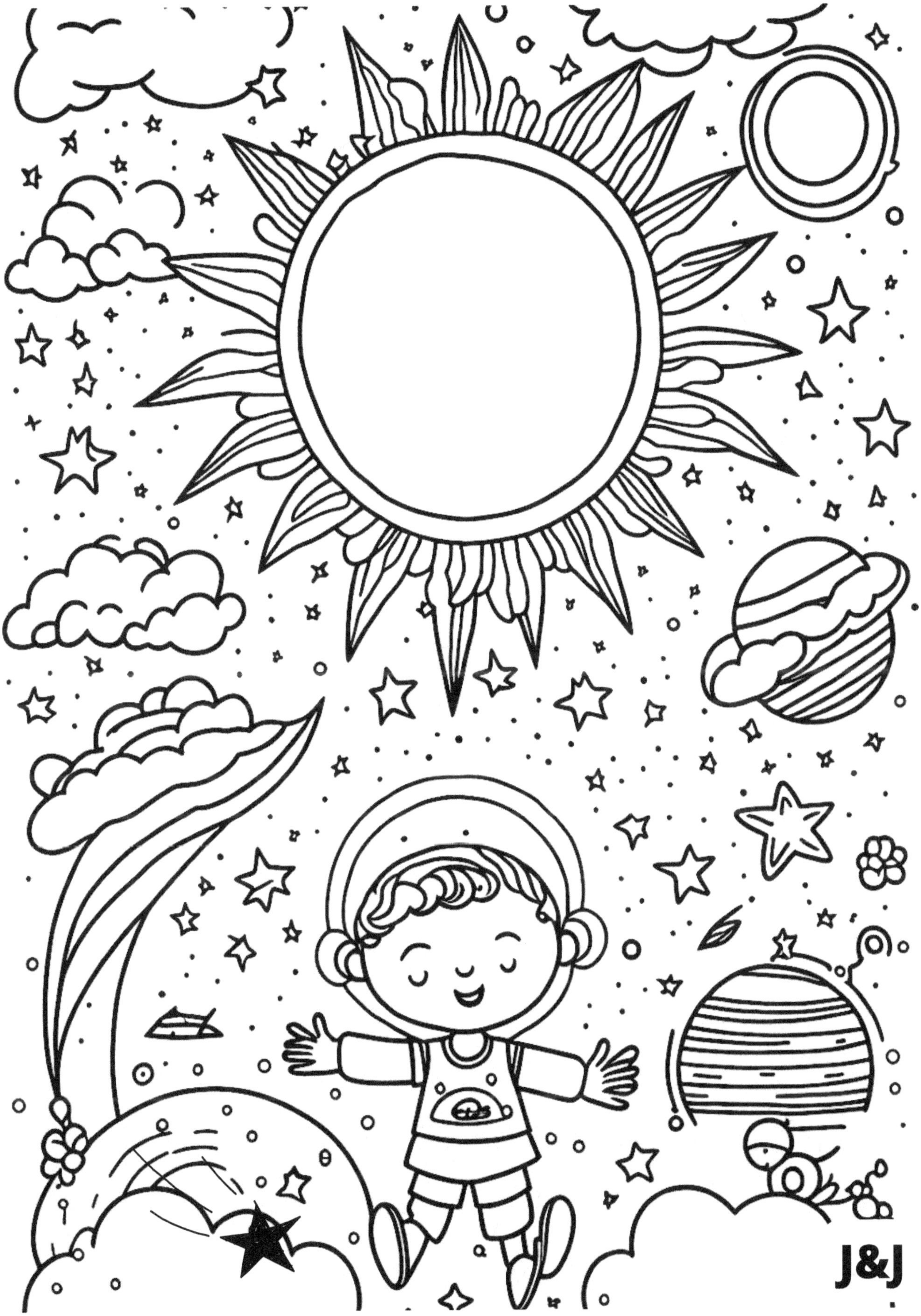

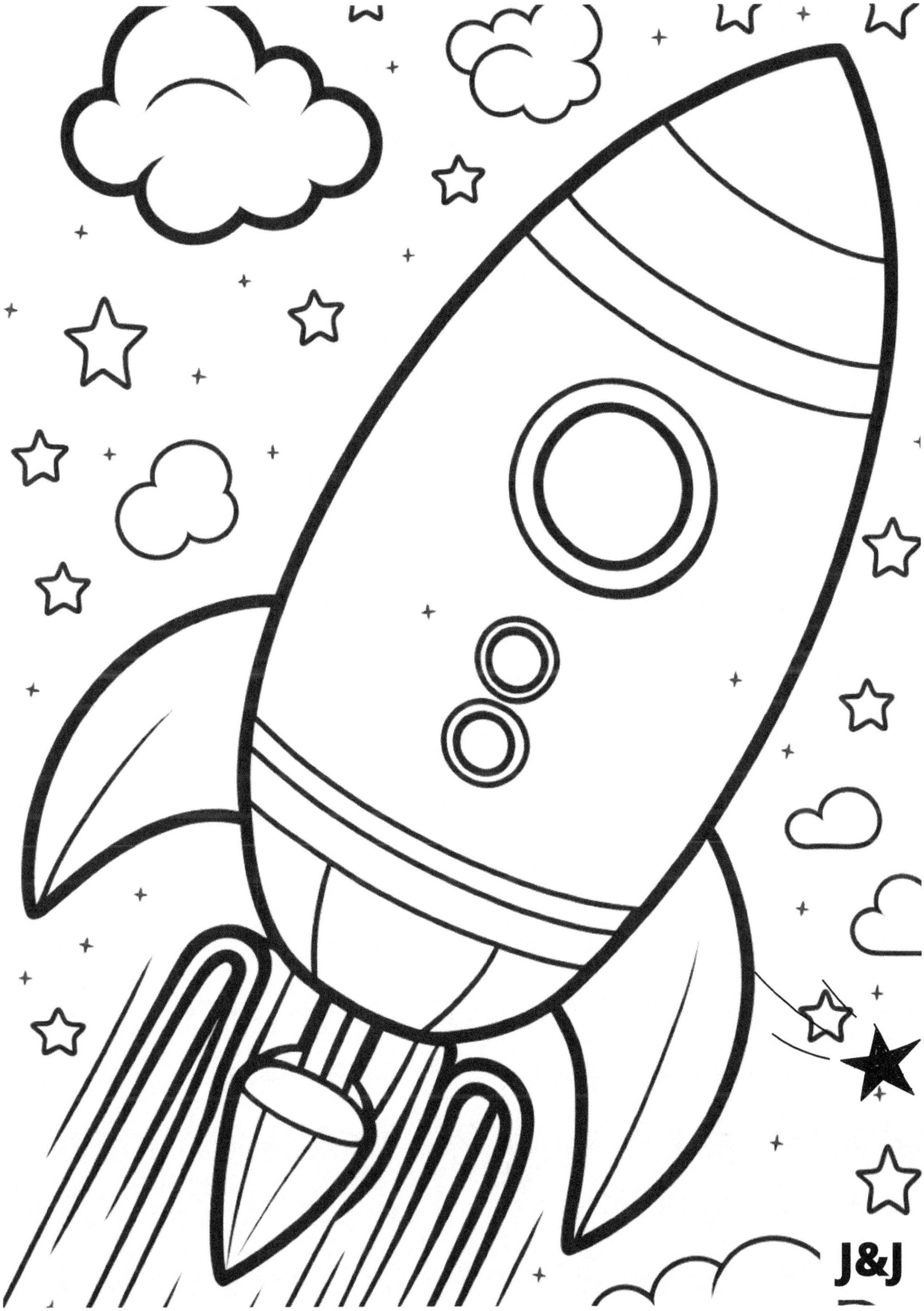
J&J

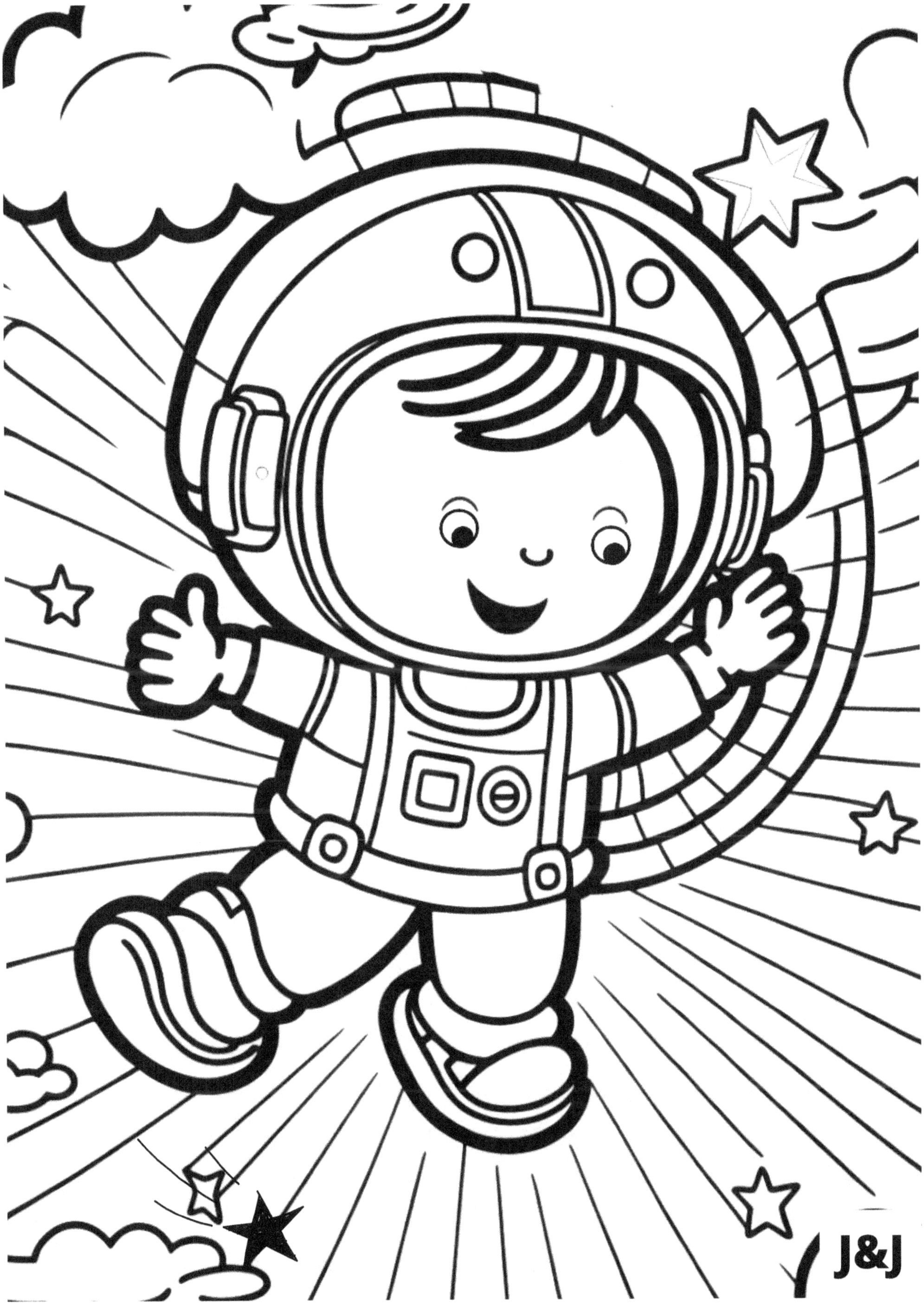
J&J

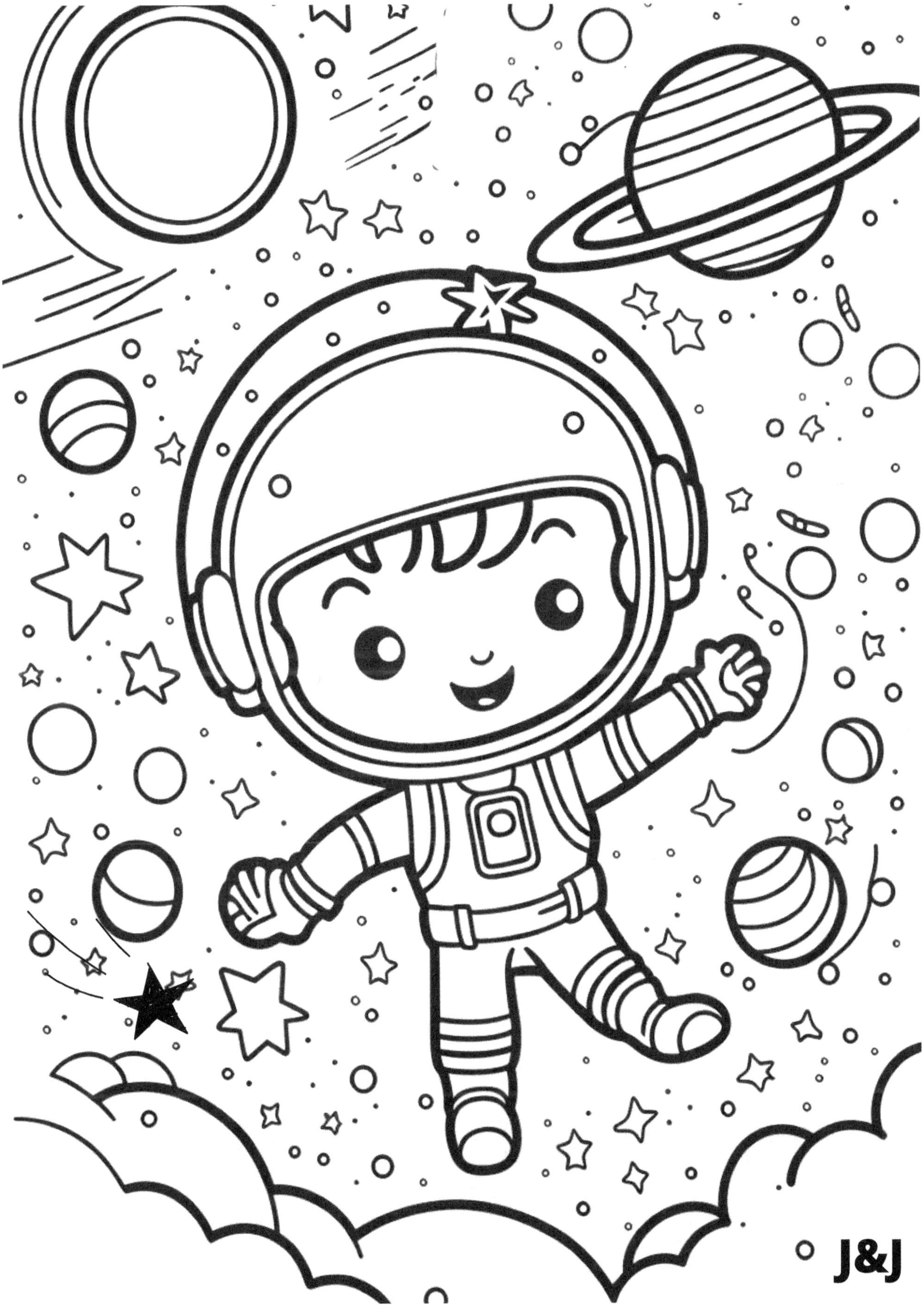

J&J

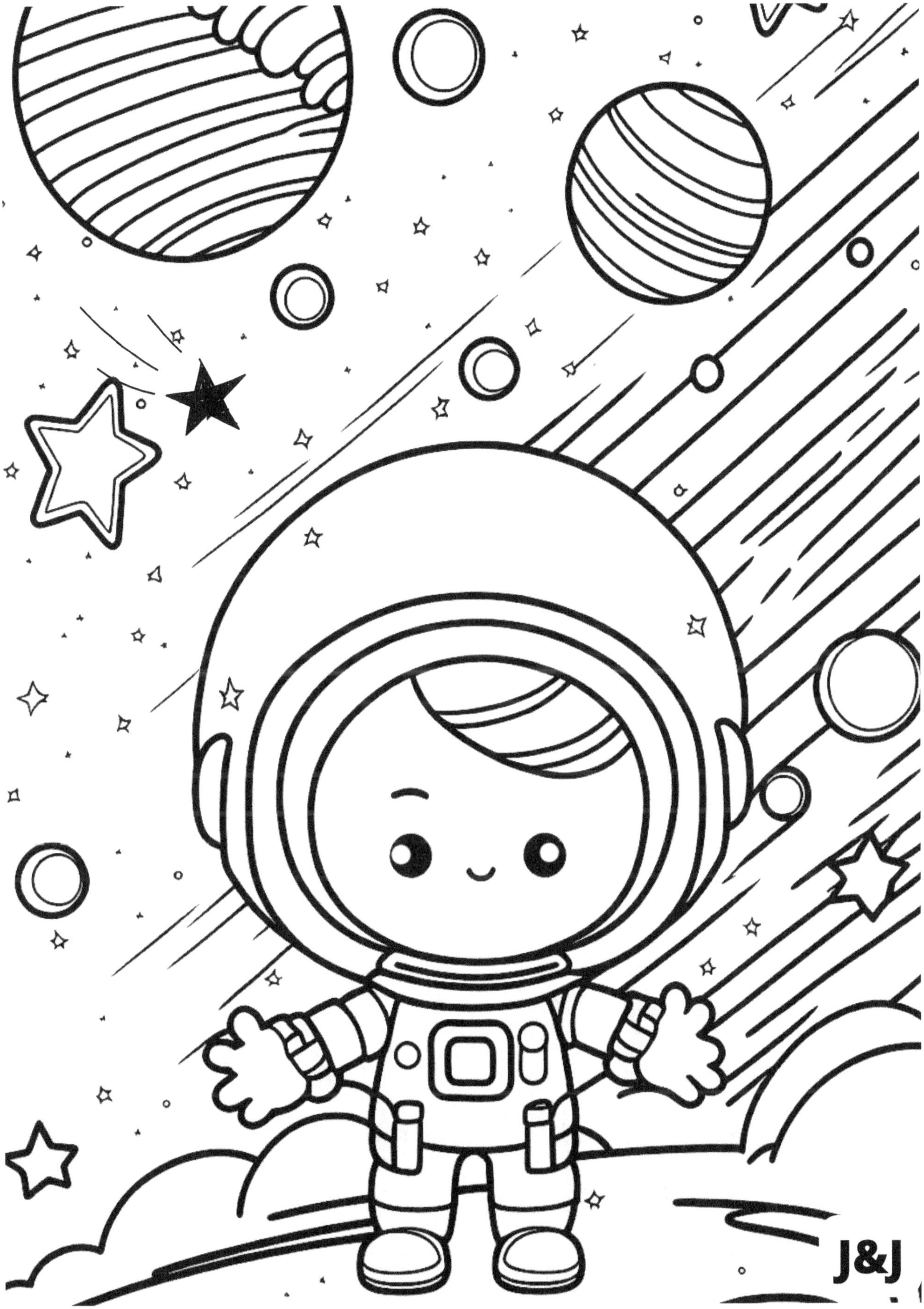
J&J

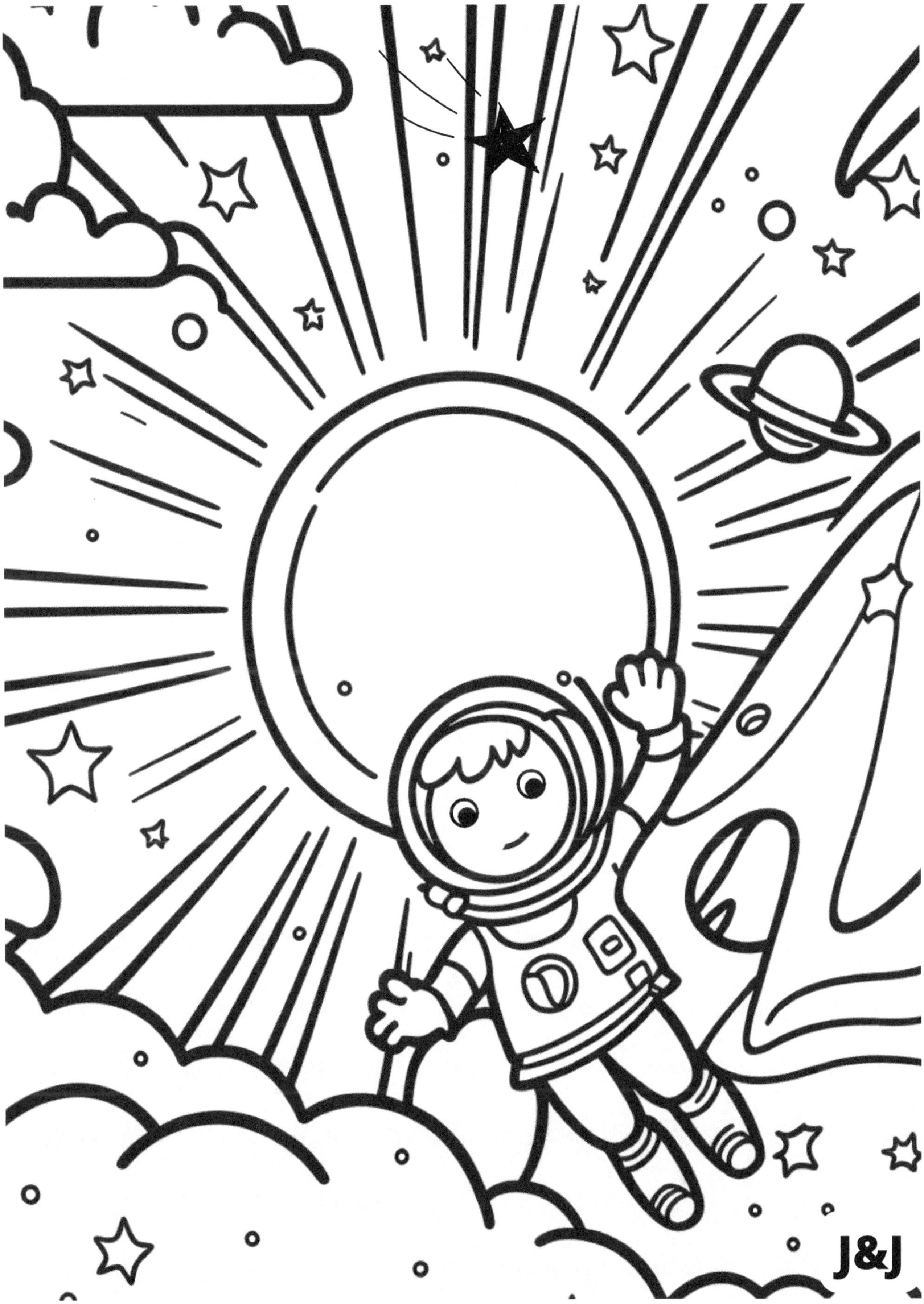
J&J

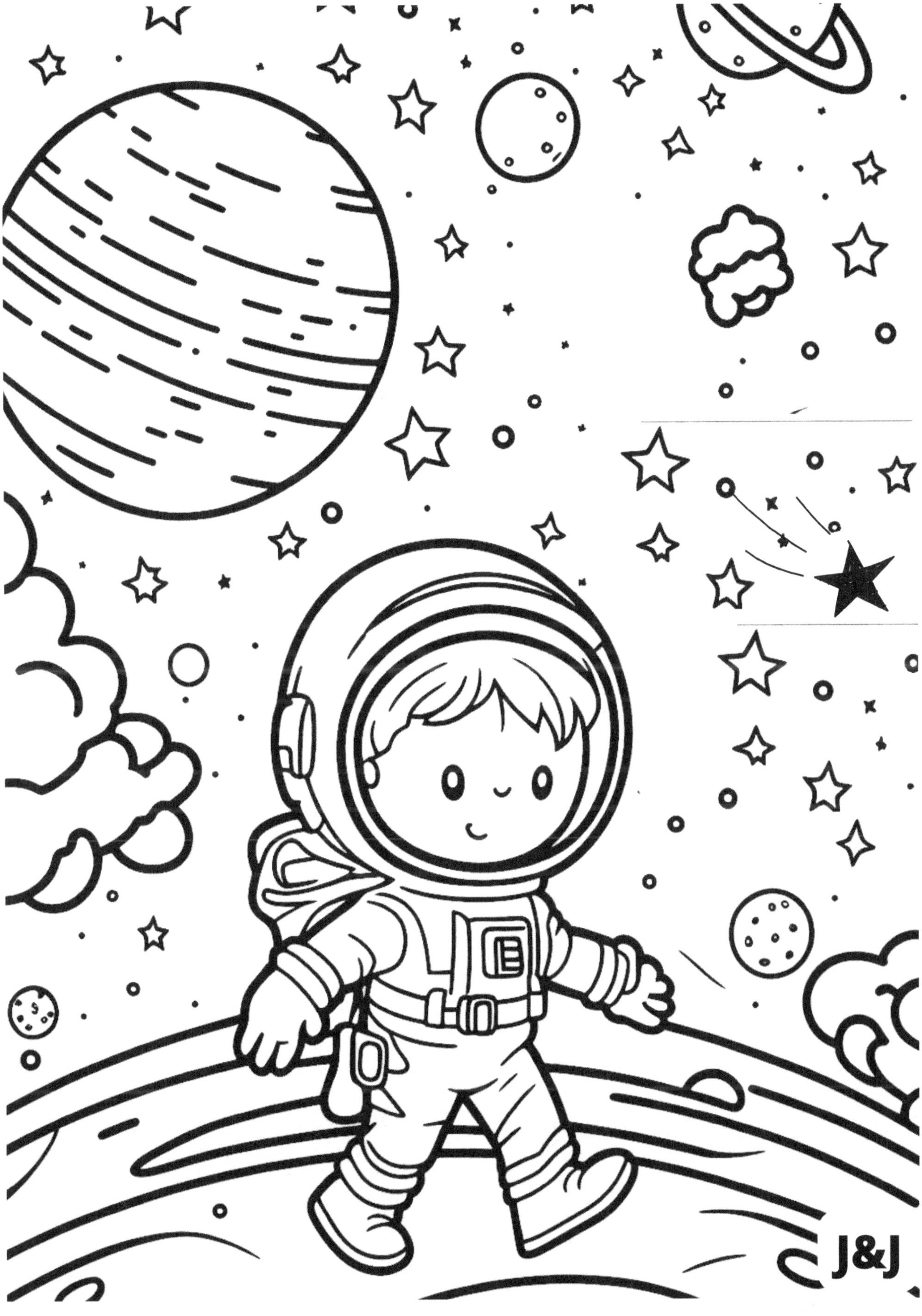

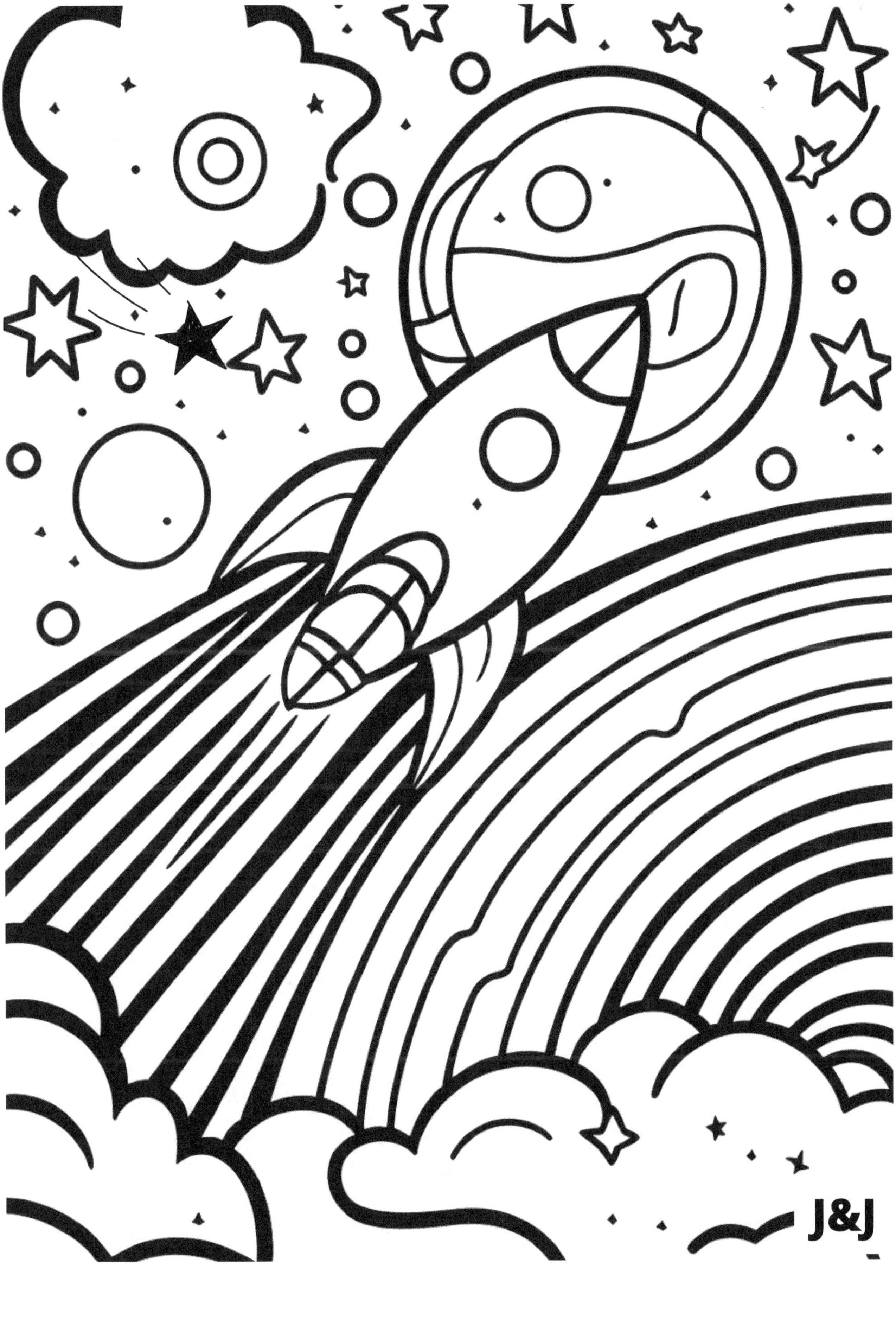
J&J

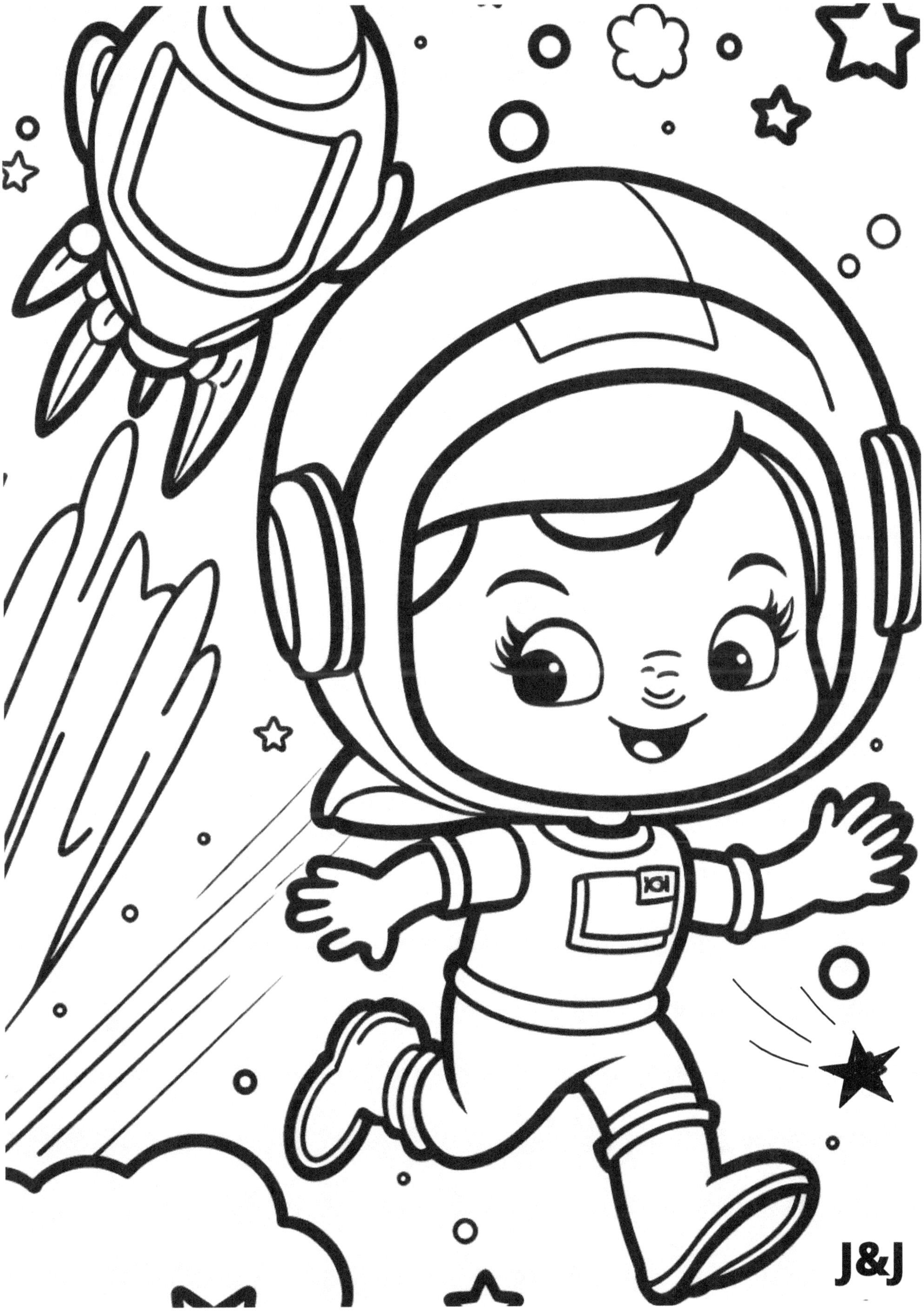
J&J

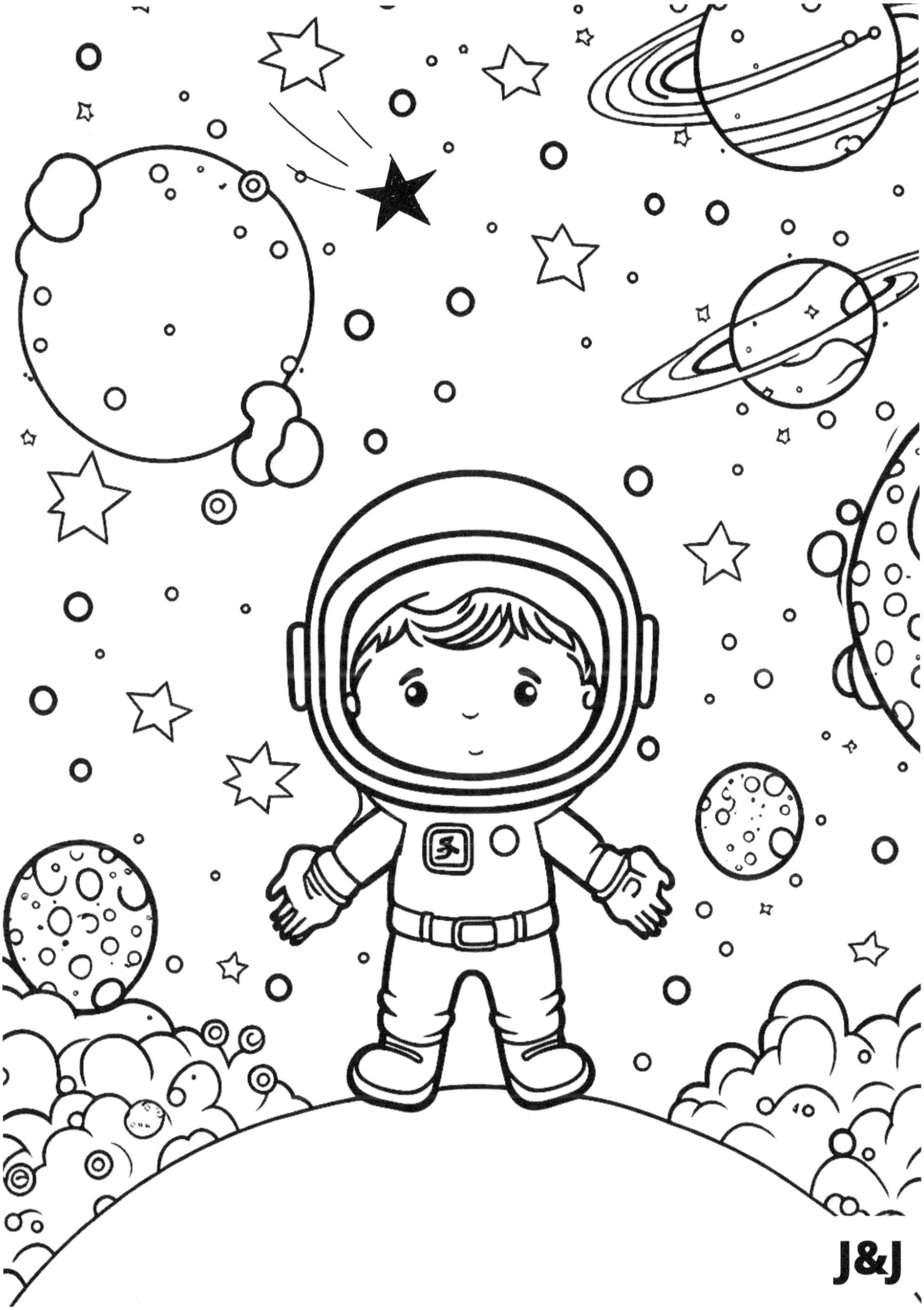

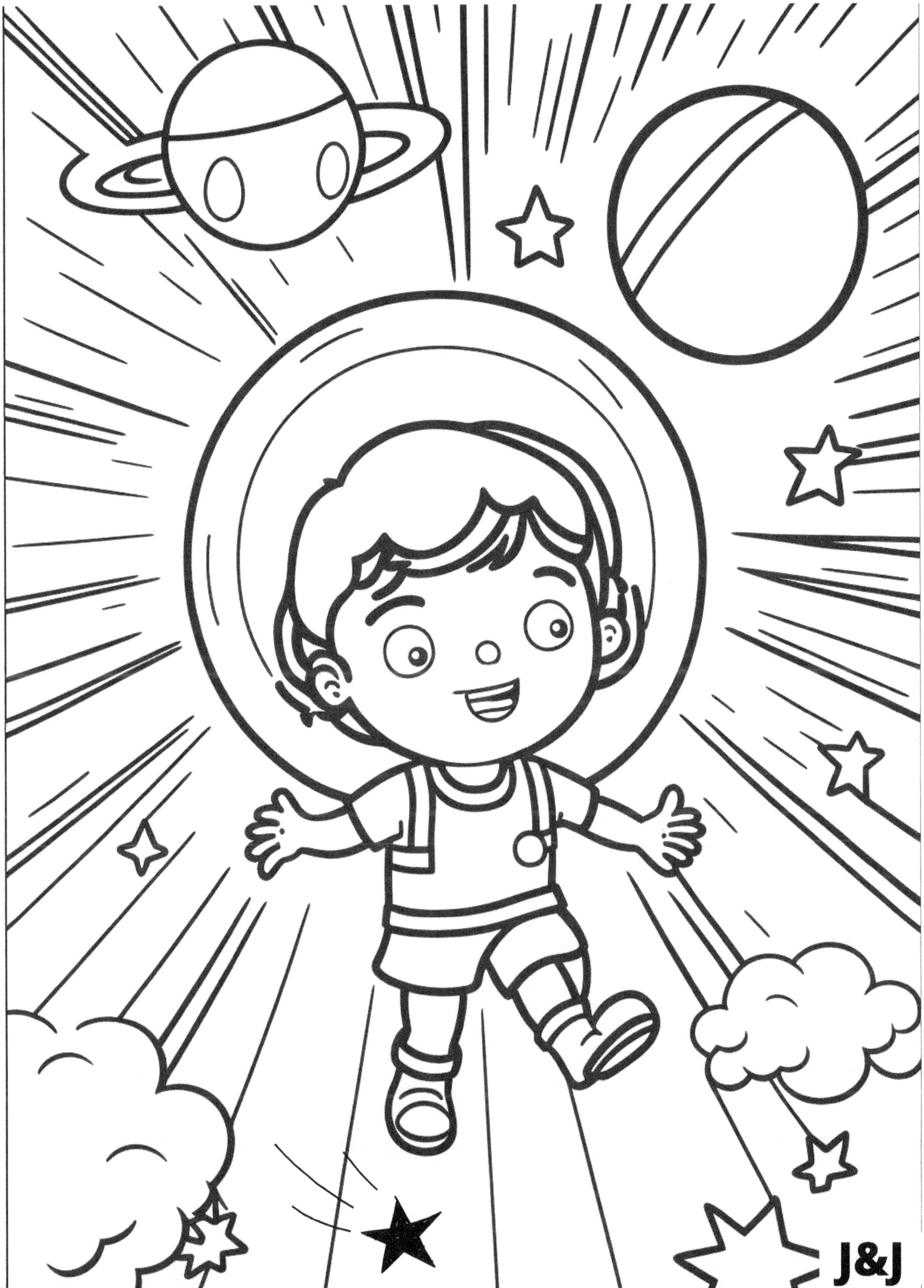
J&J

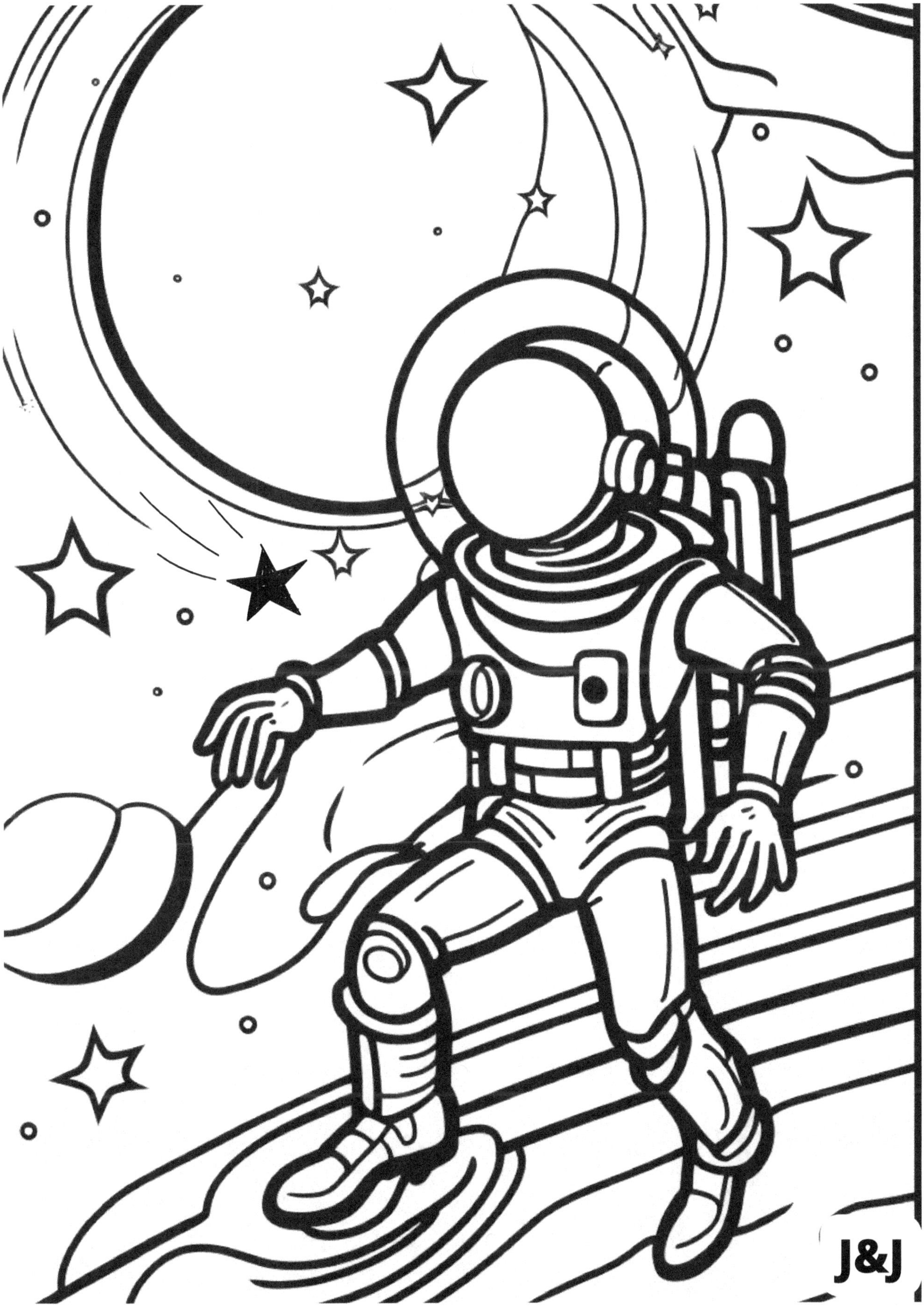
J&J

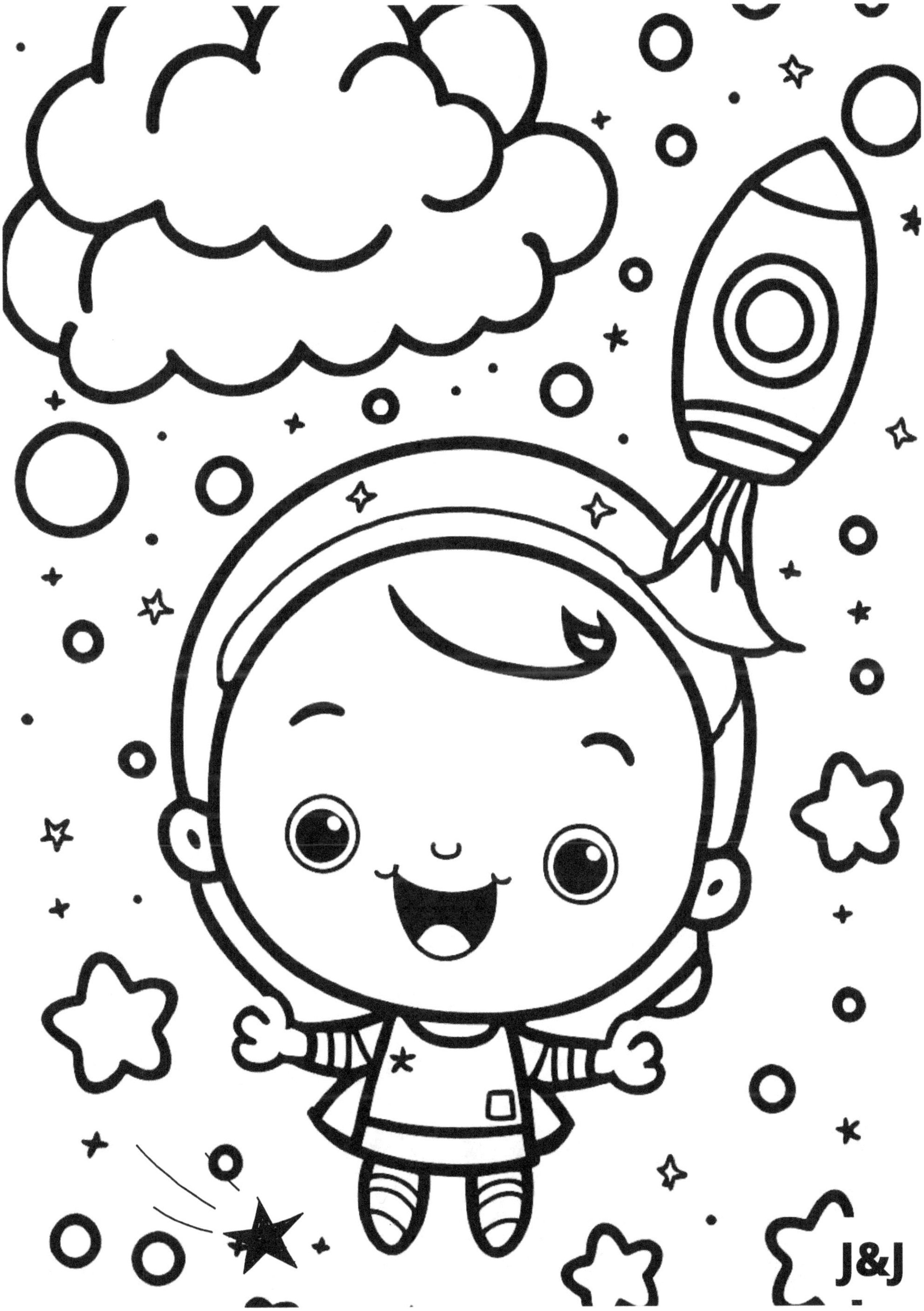
J&J

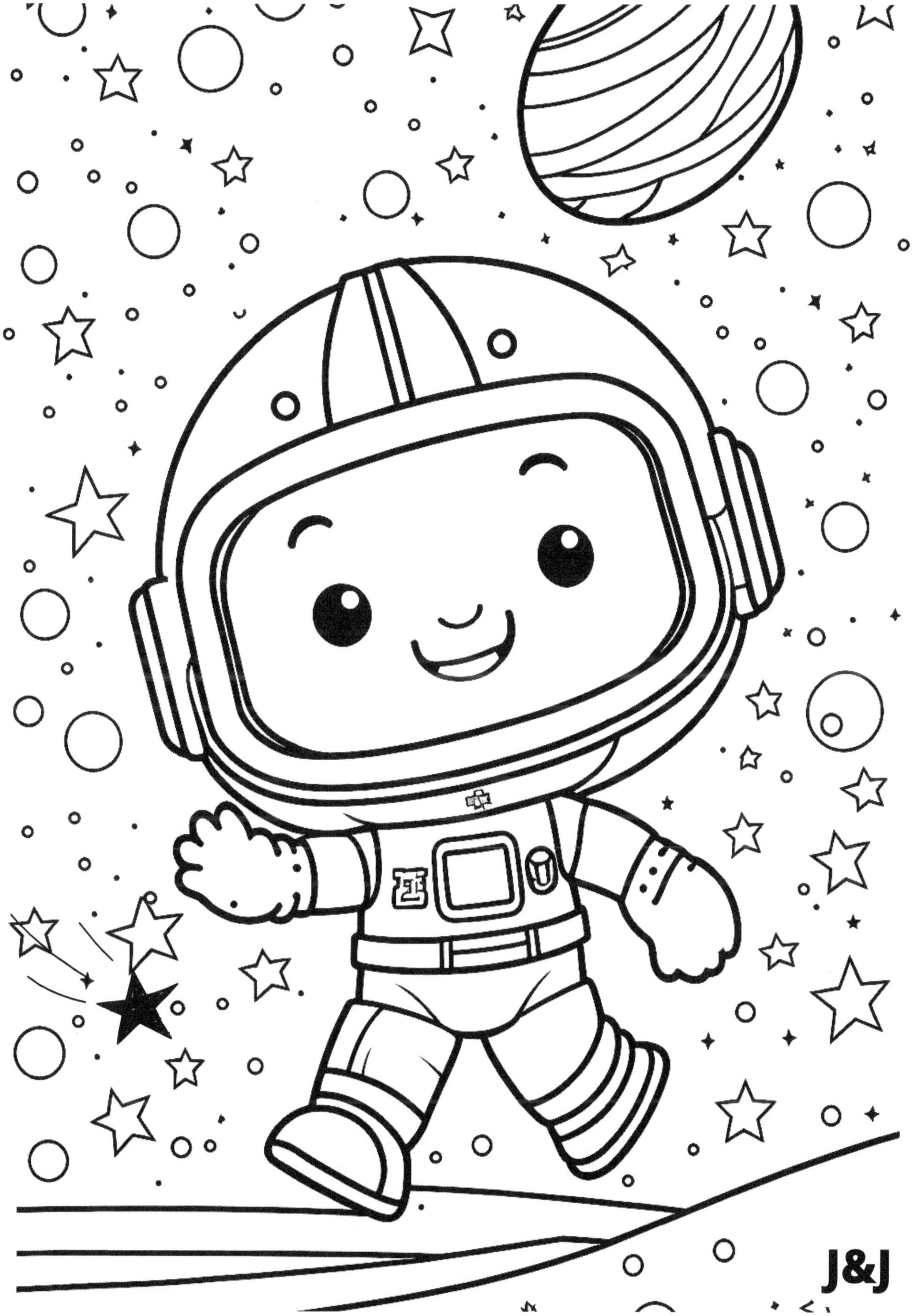

J&J

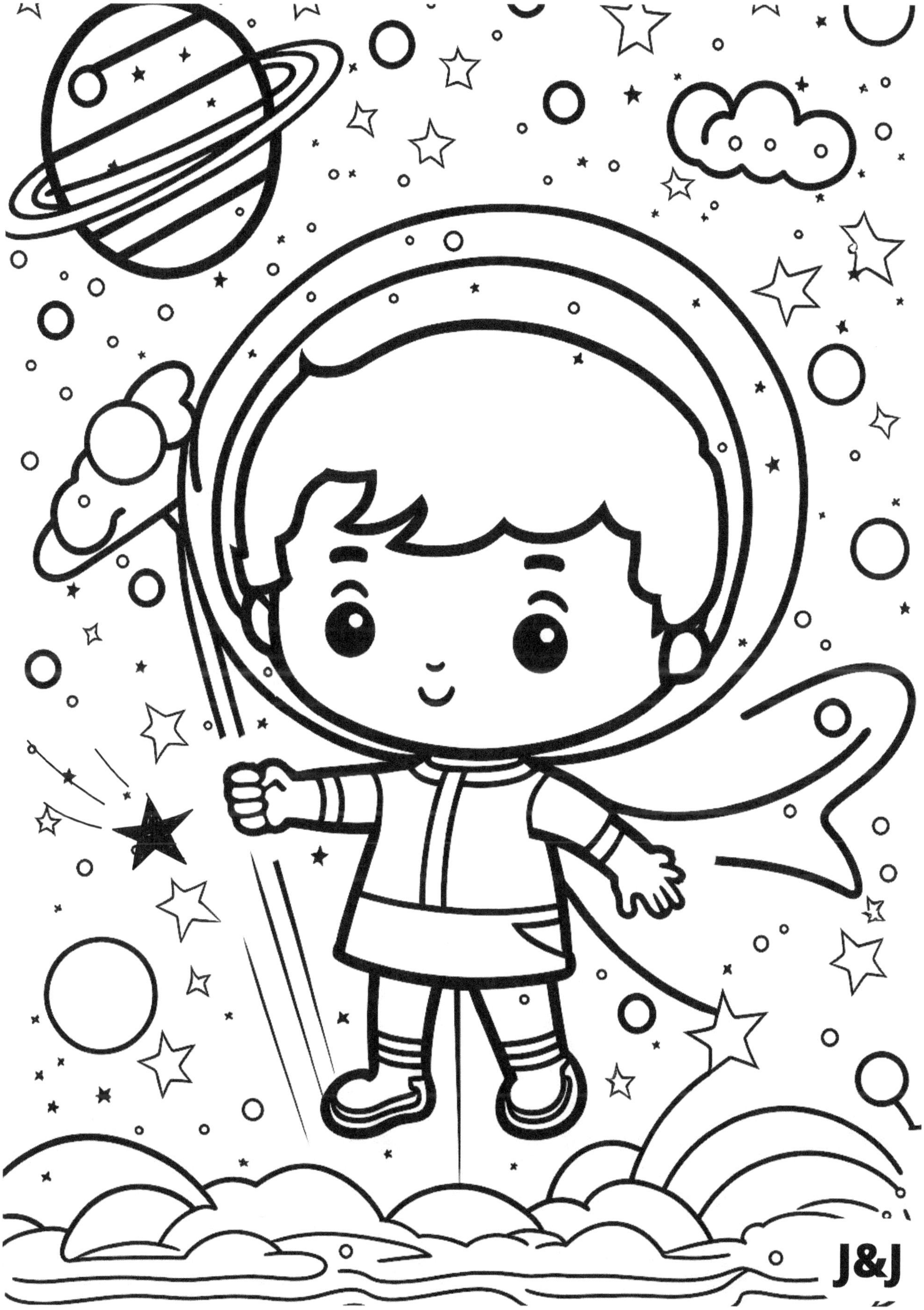
J&J

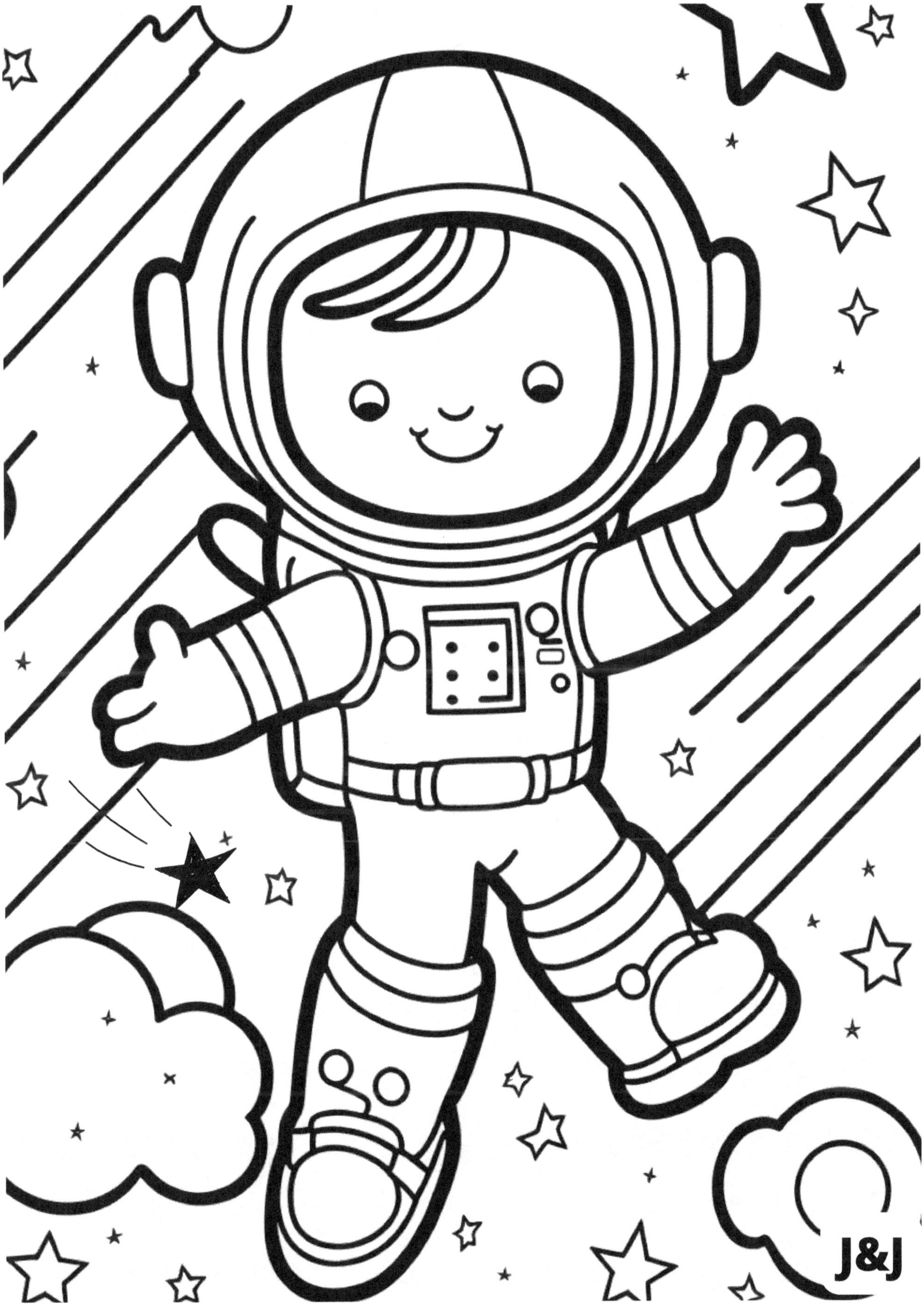
J&J

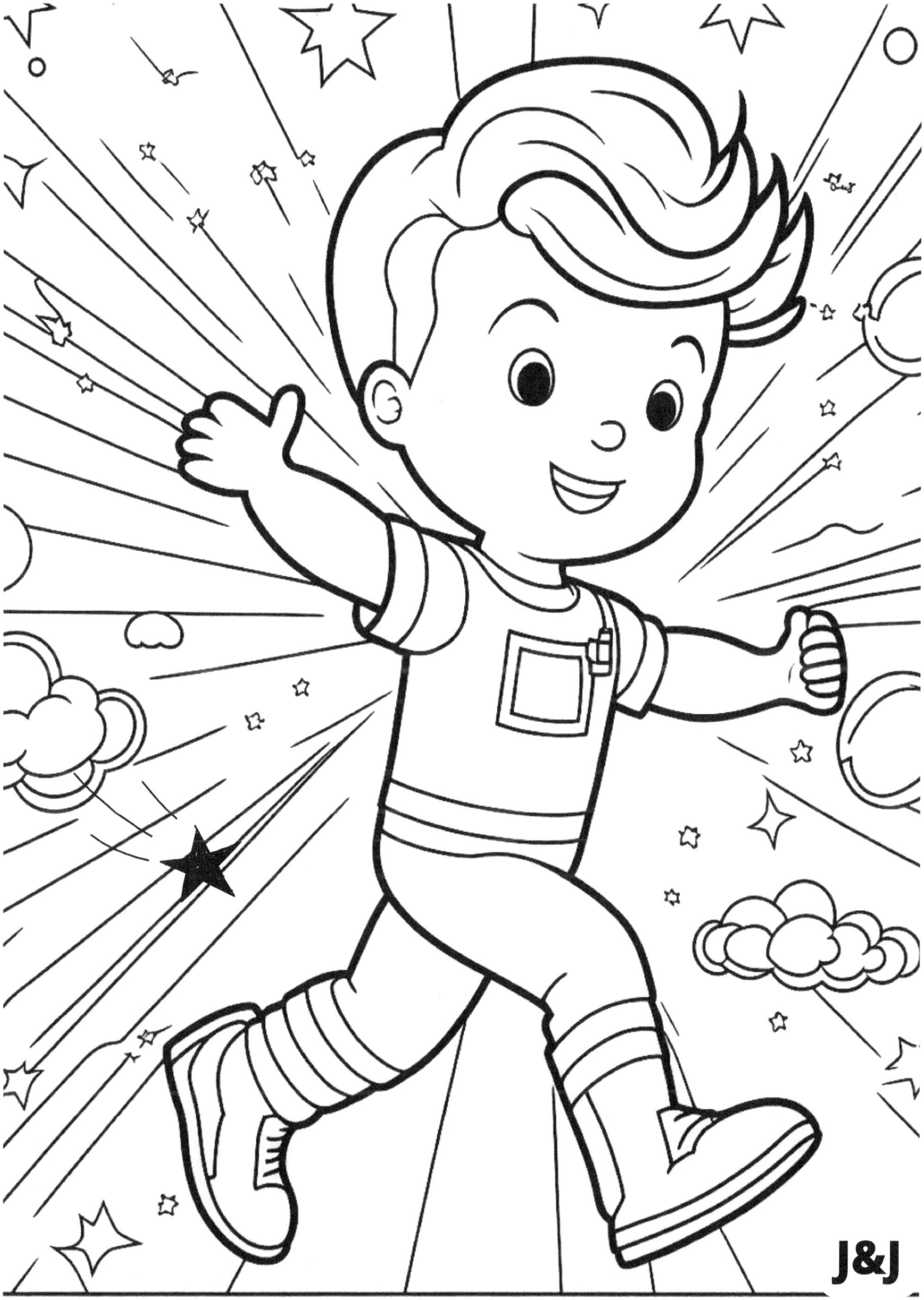
J&J

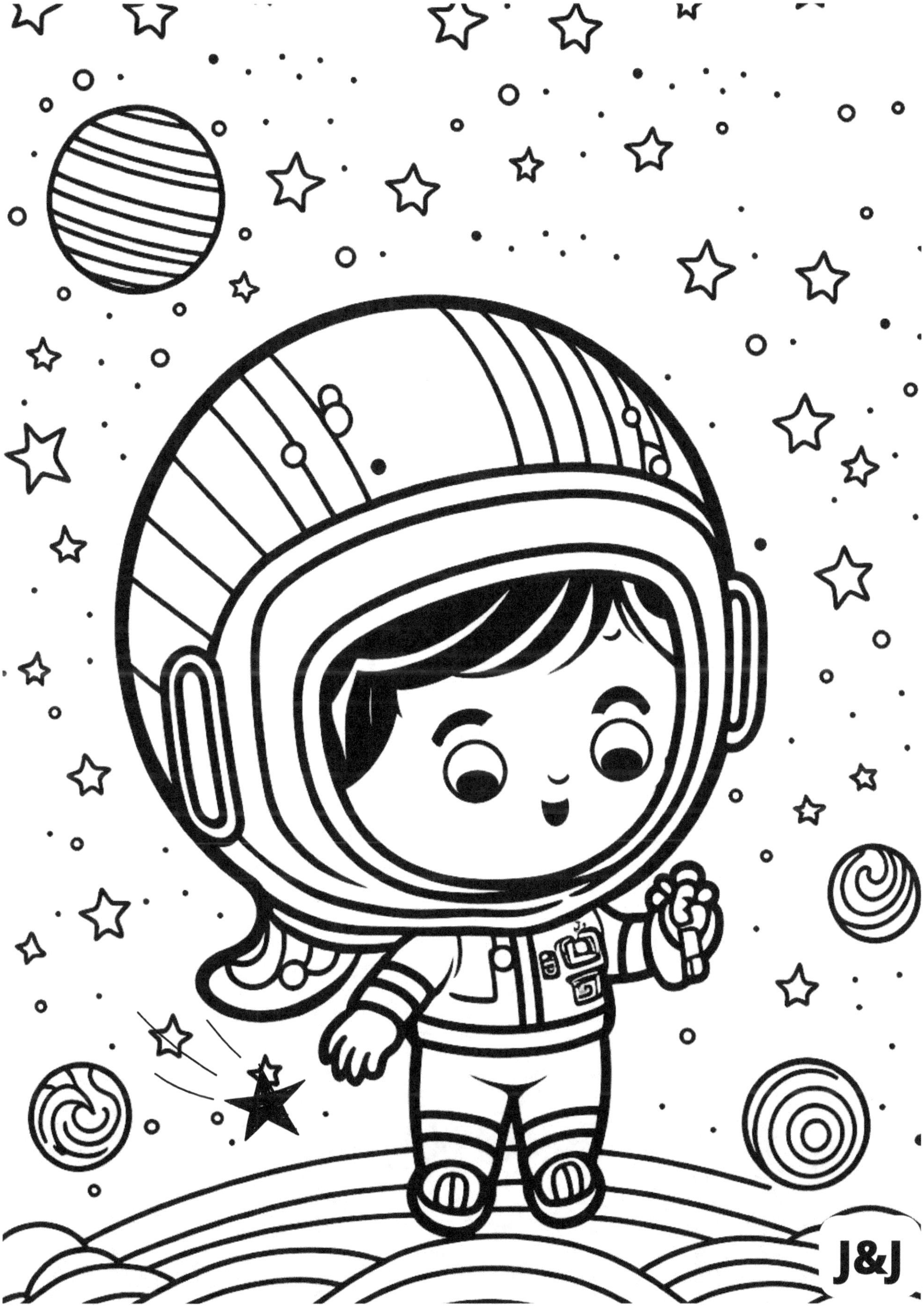

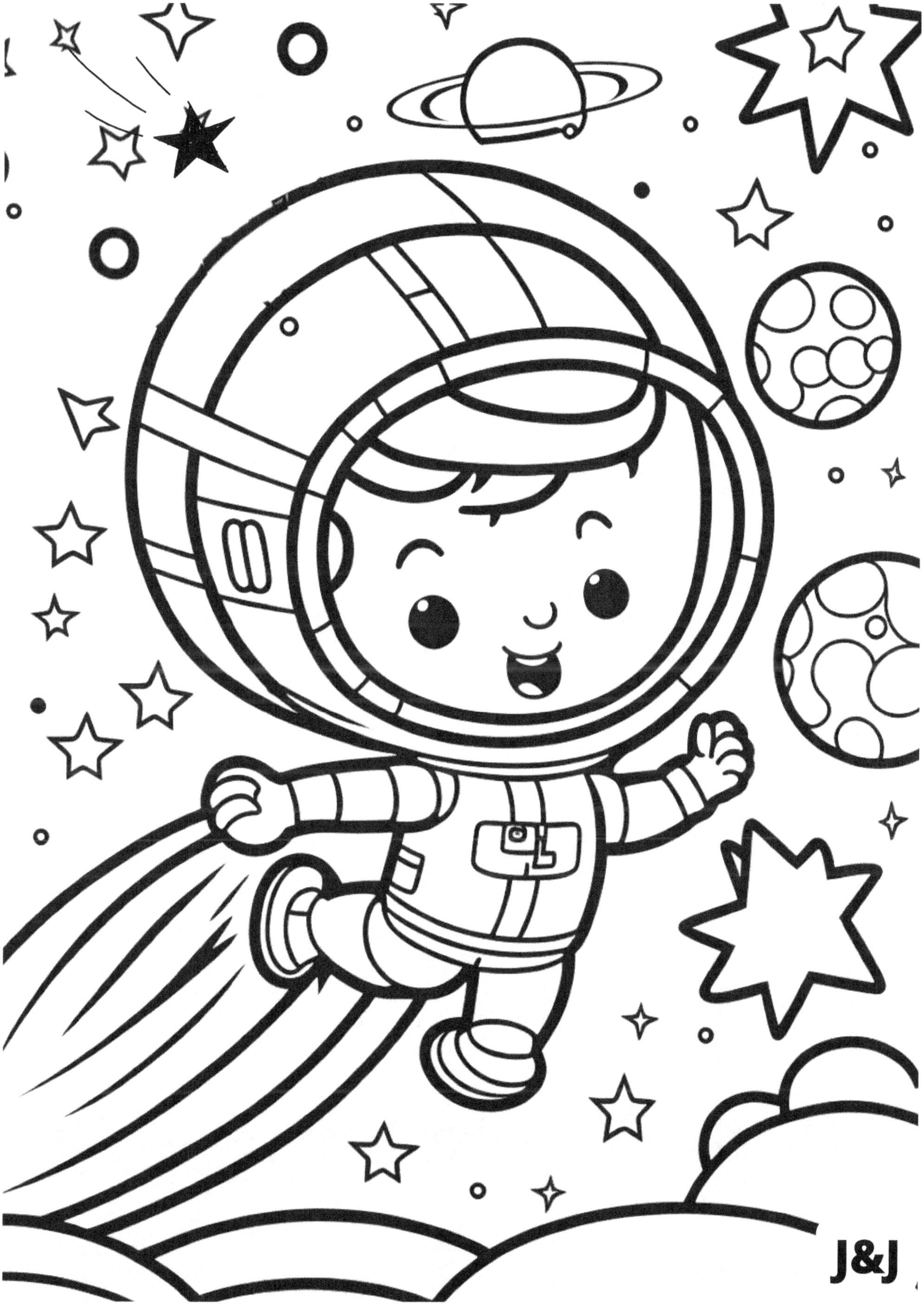
J&J

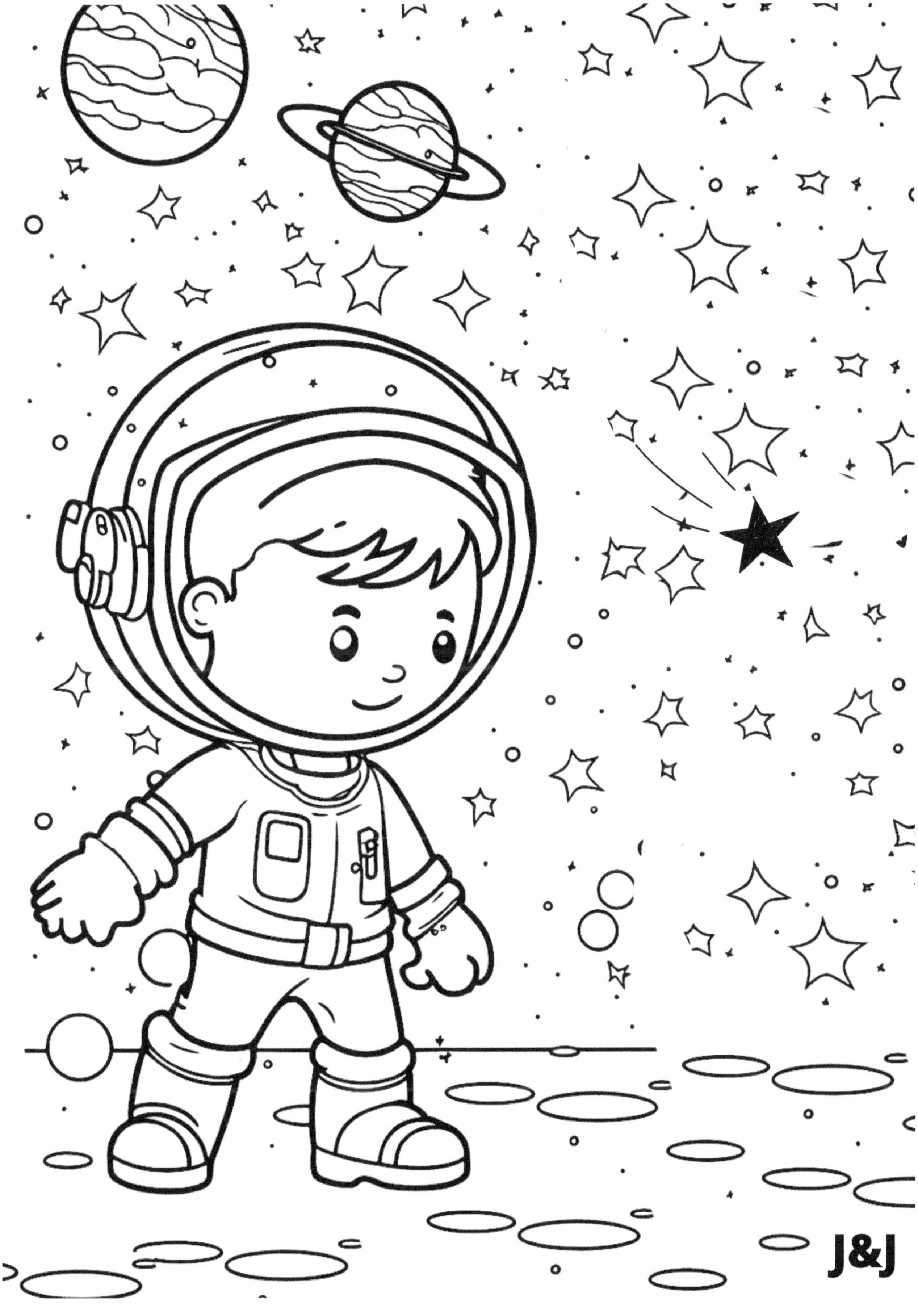

J&J

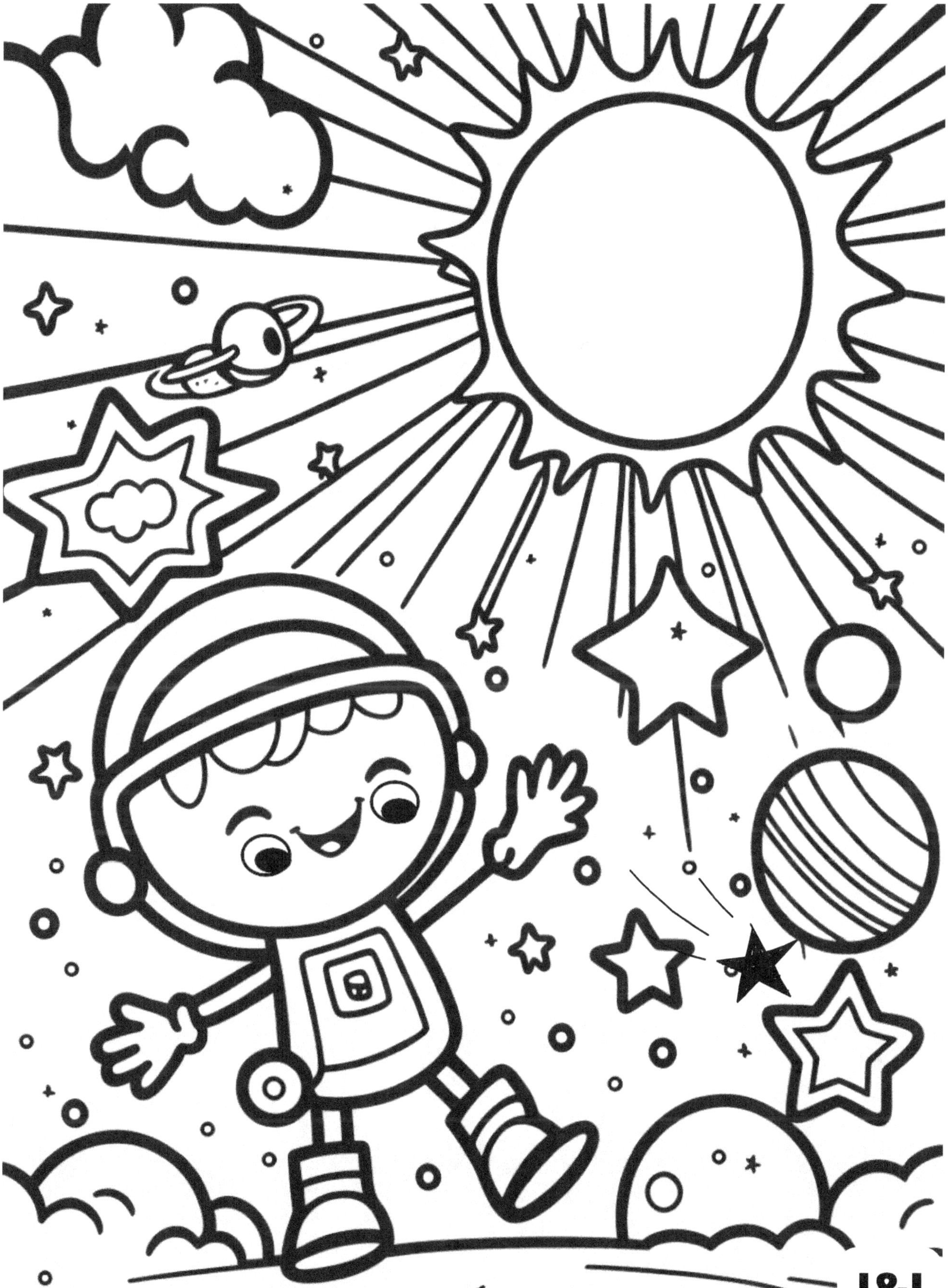

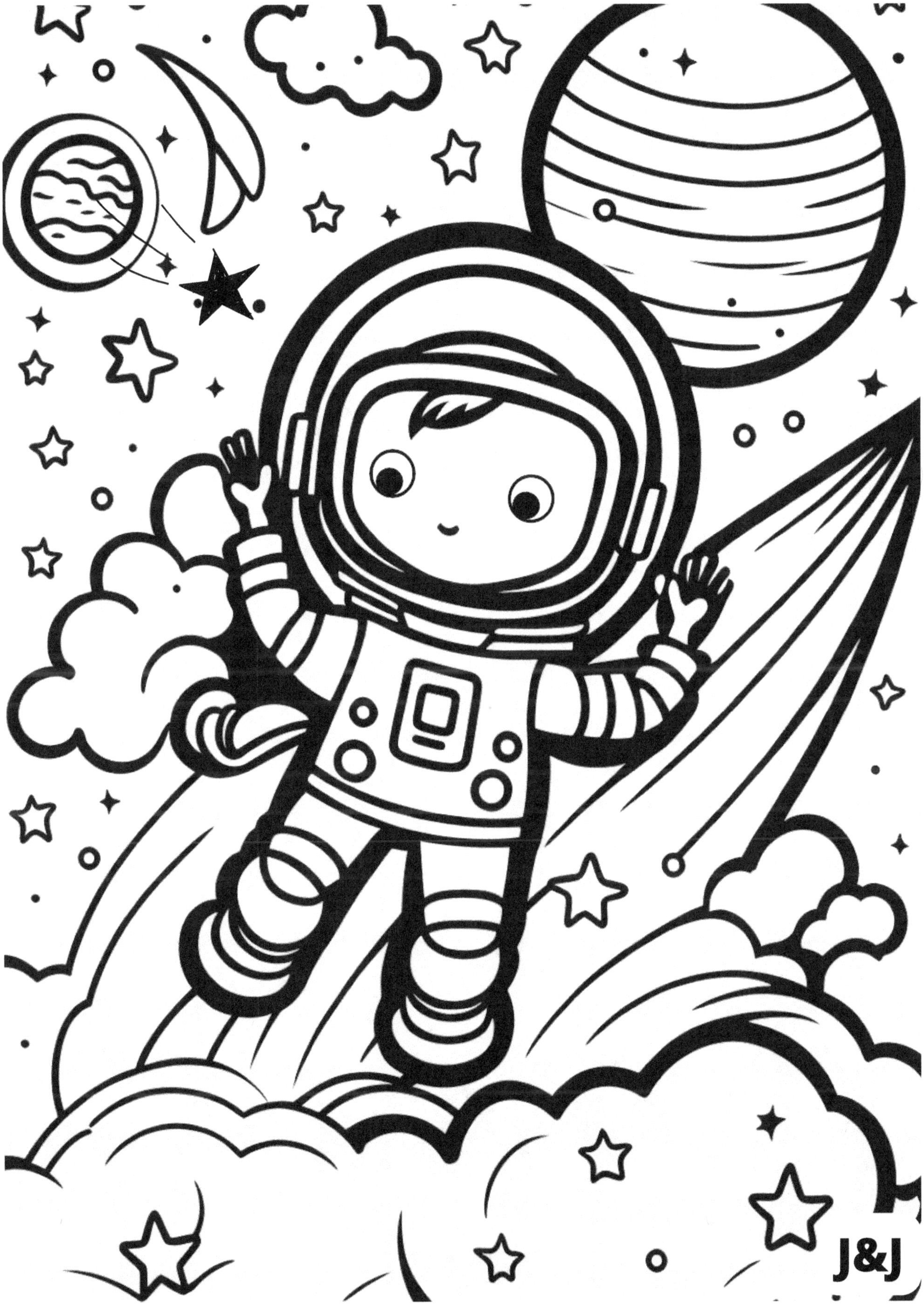
J&J

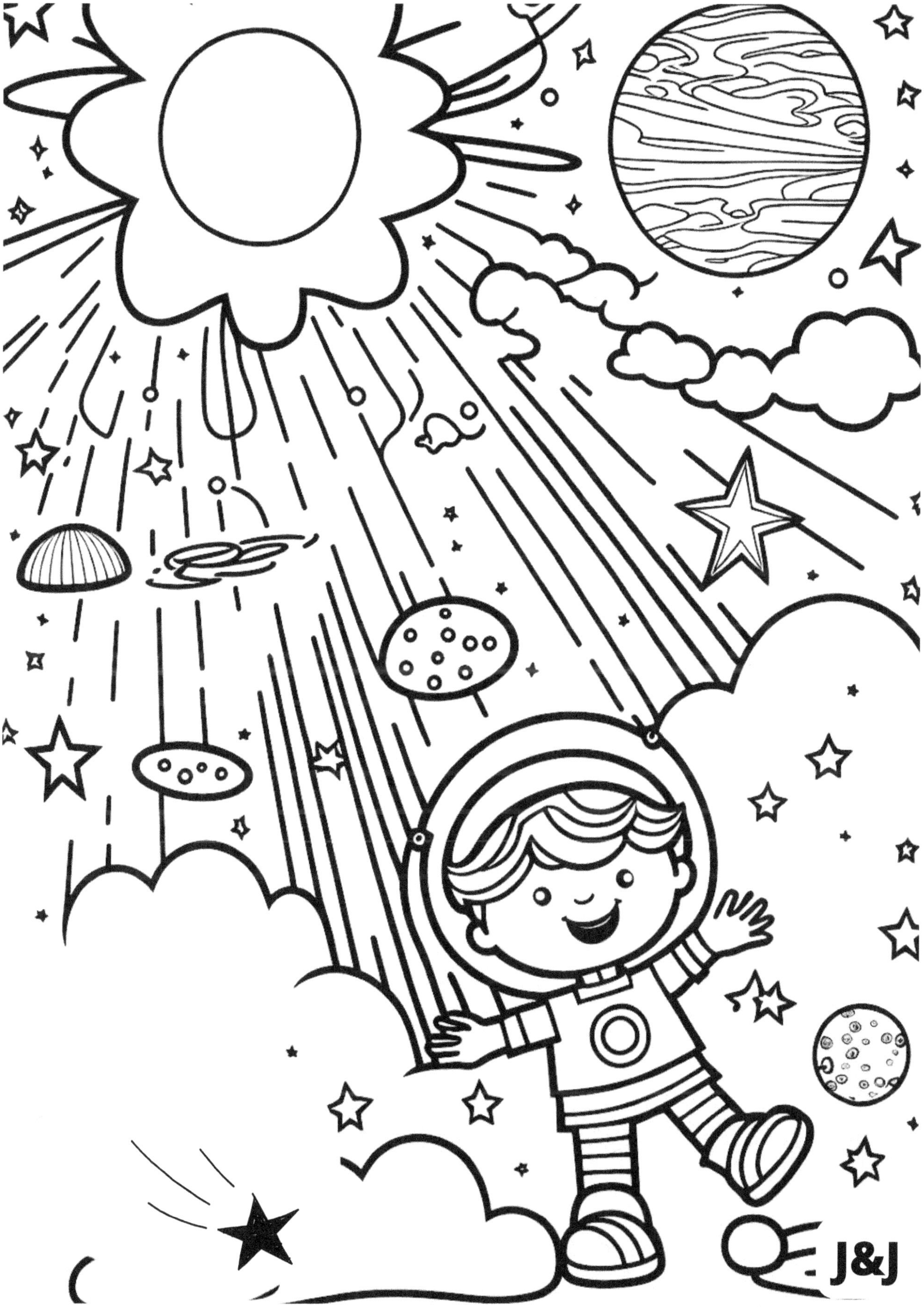
J&J

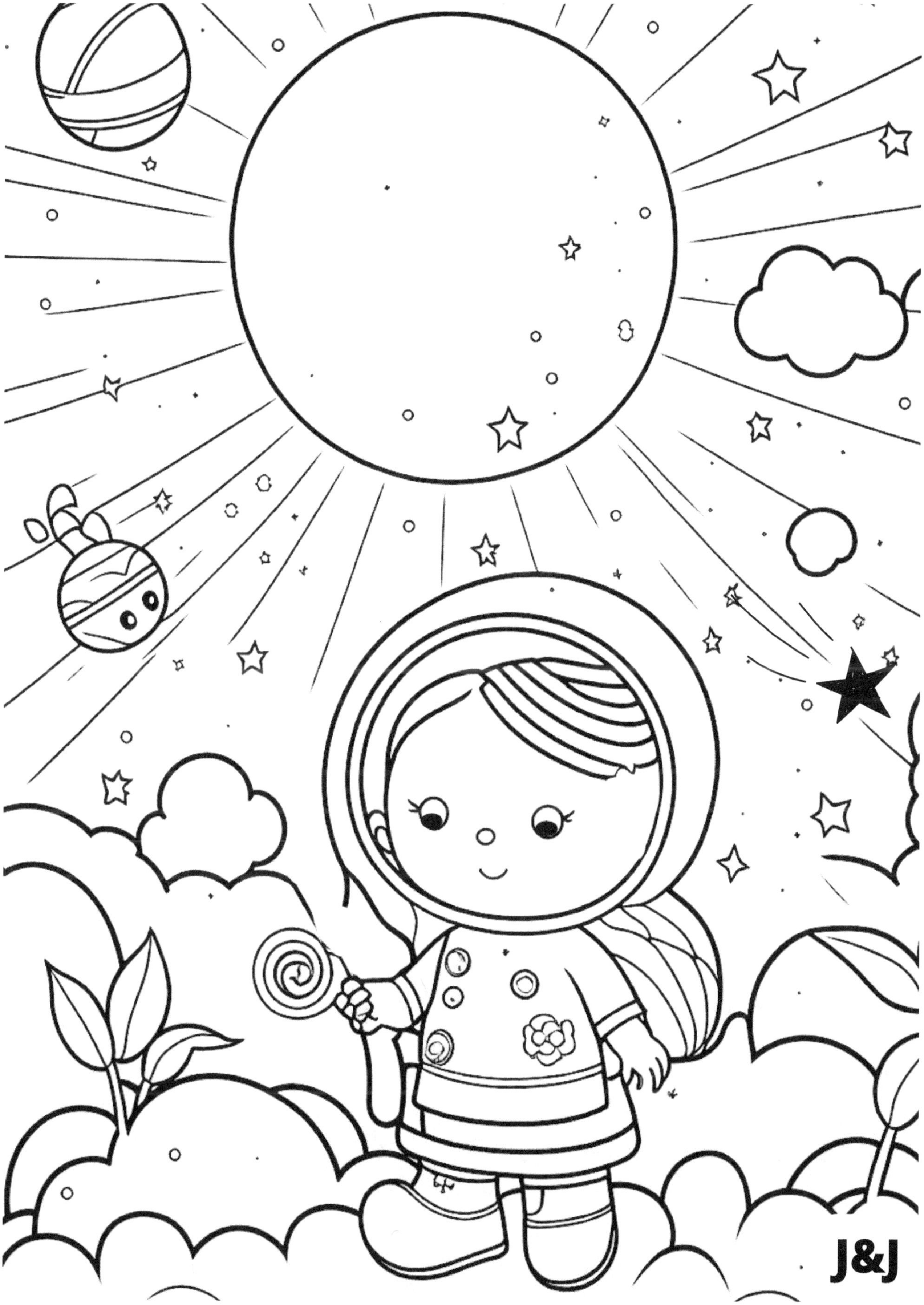

J&J

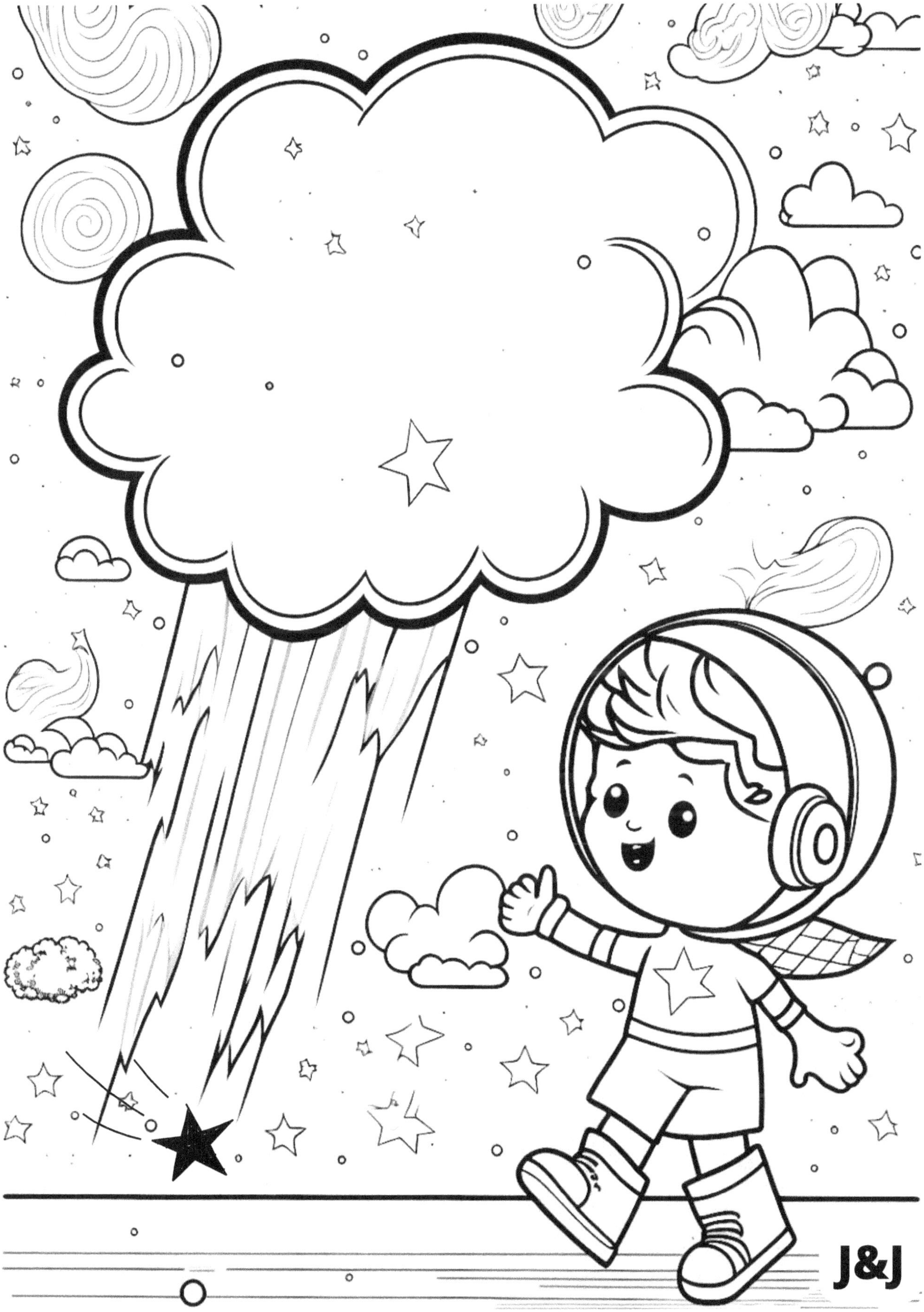

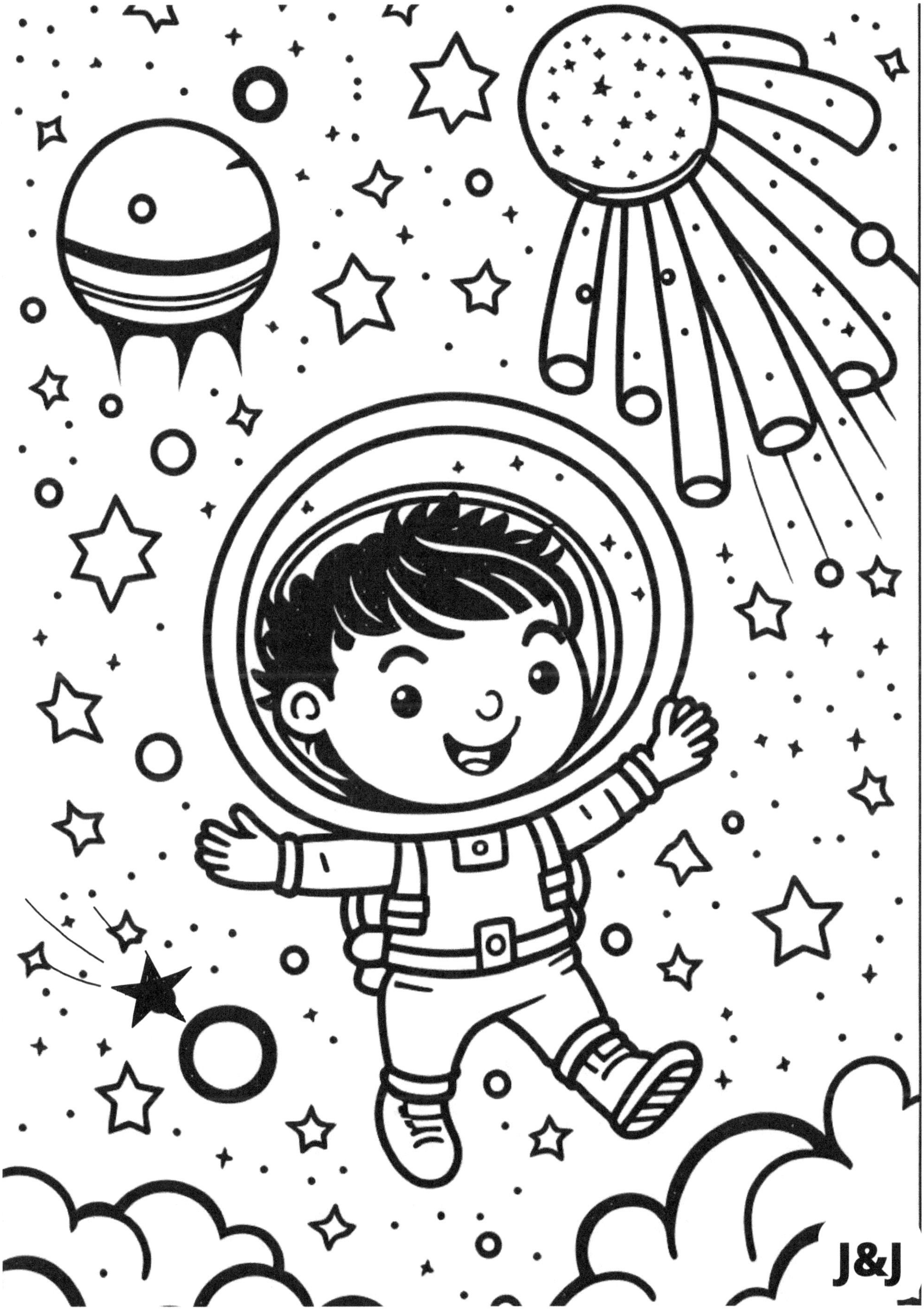
J&J

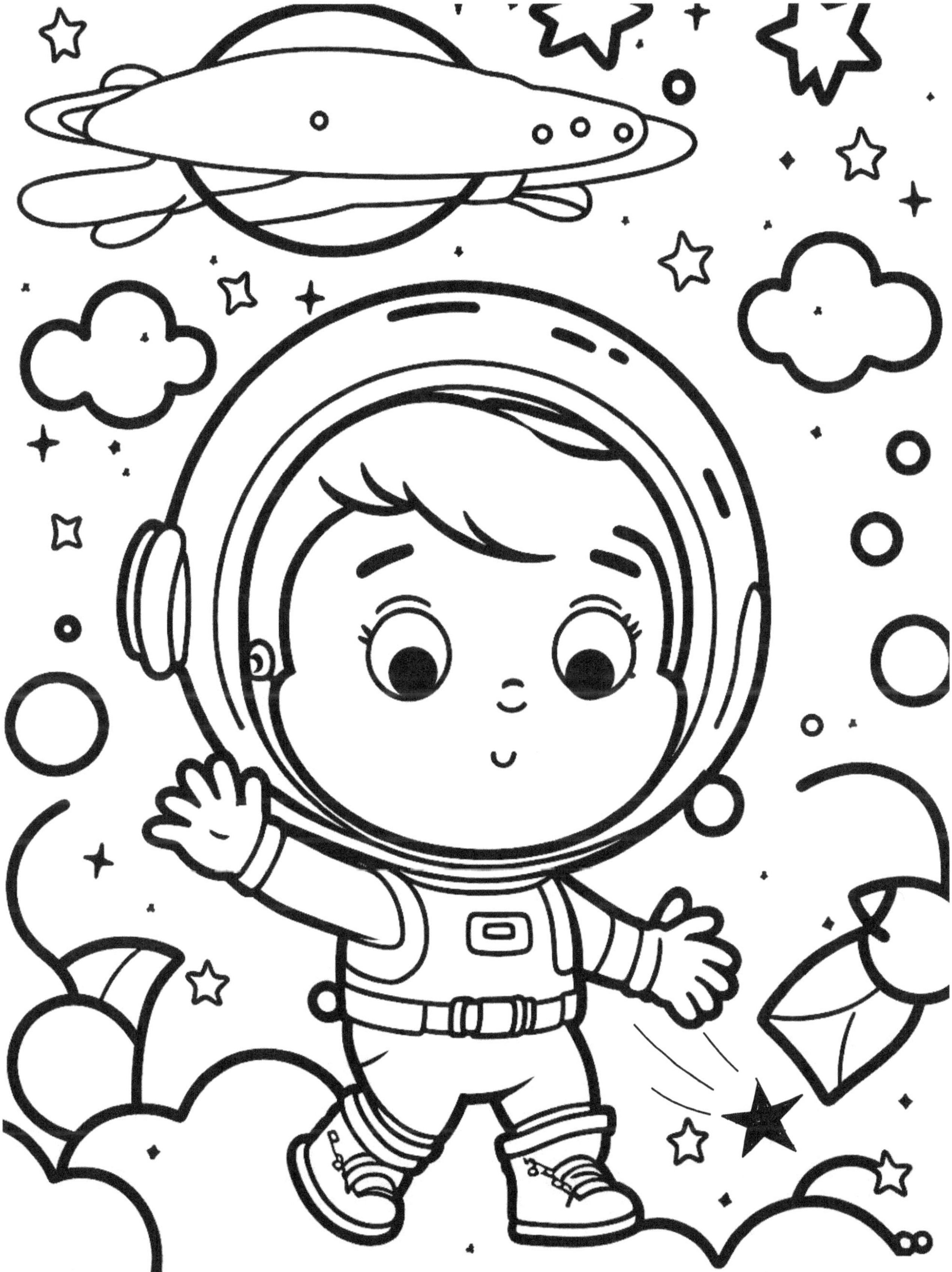
J&J

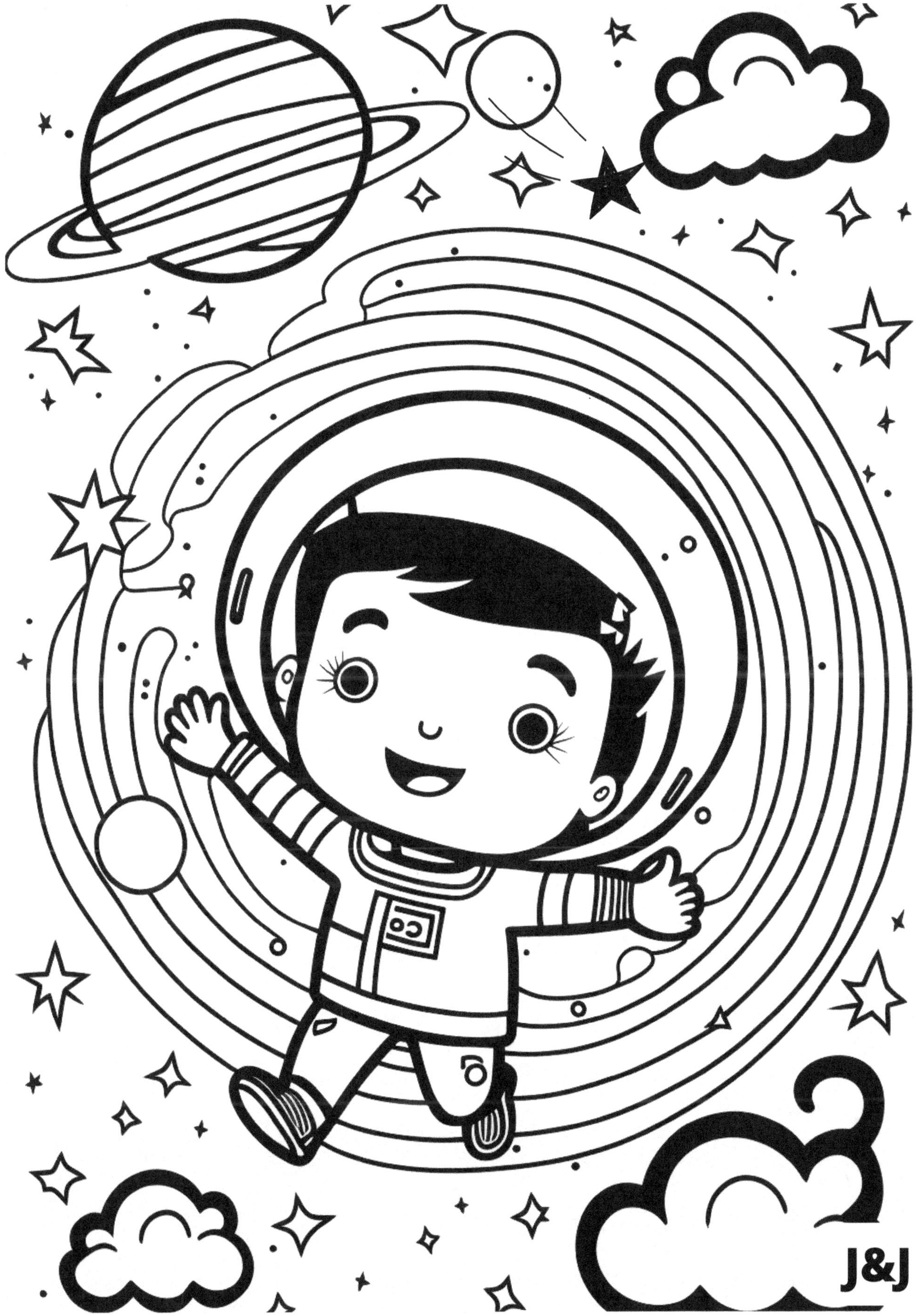

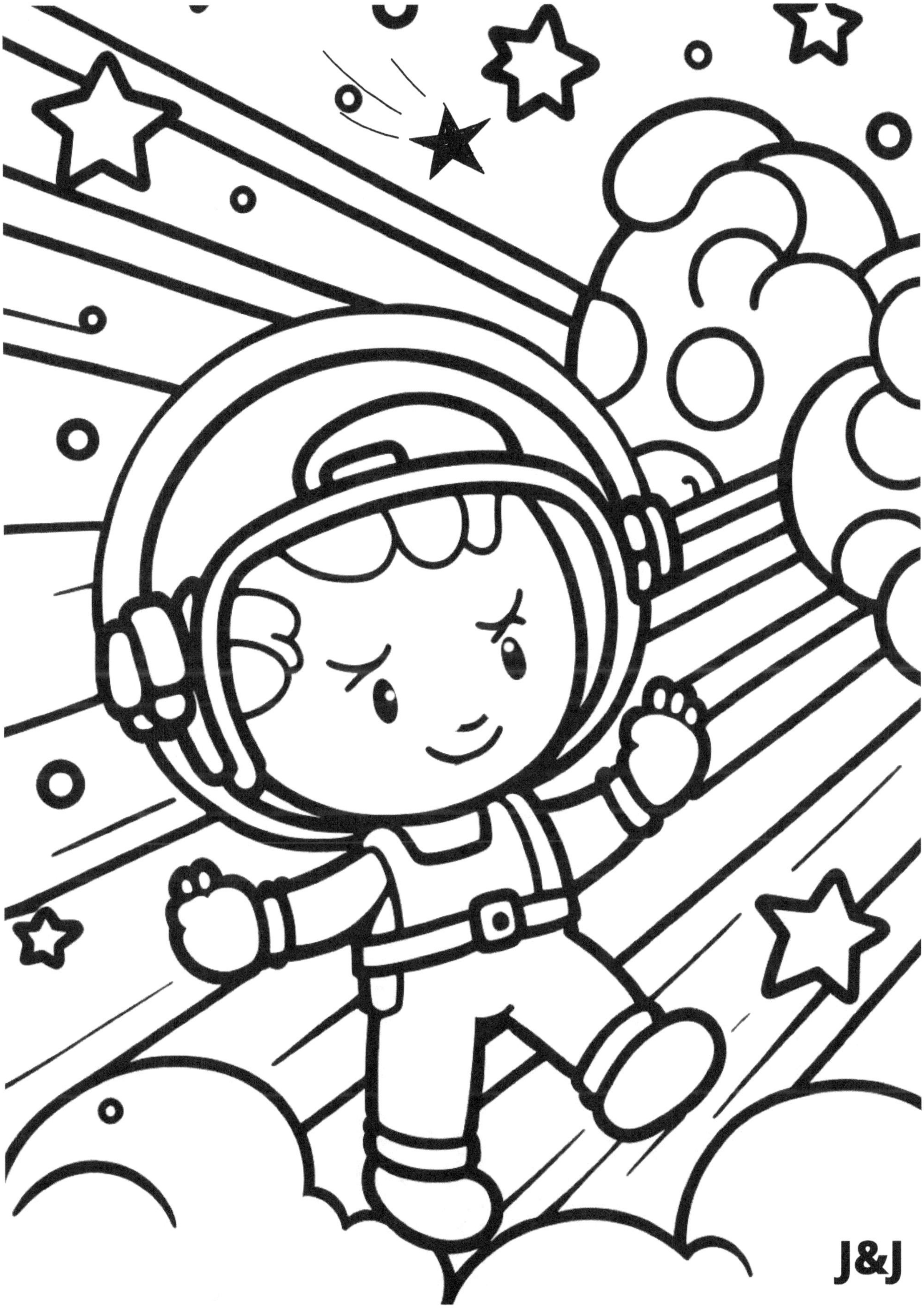
J&J

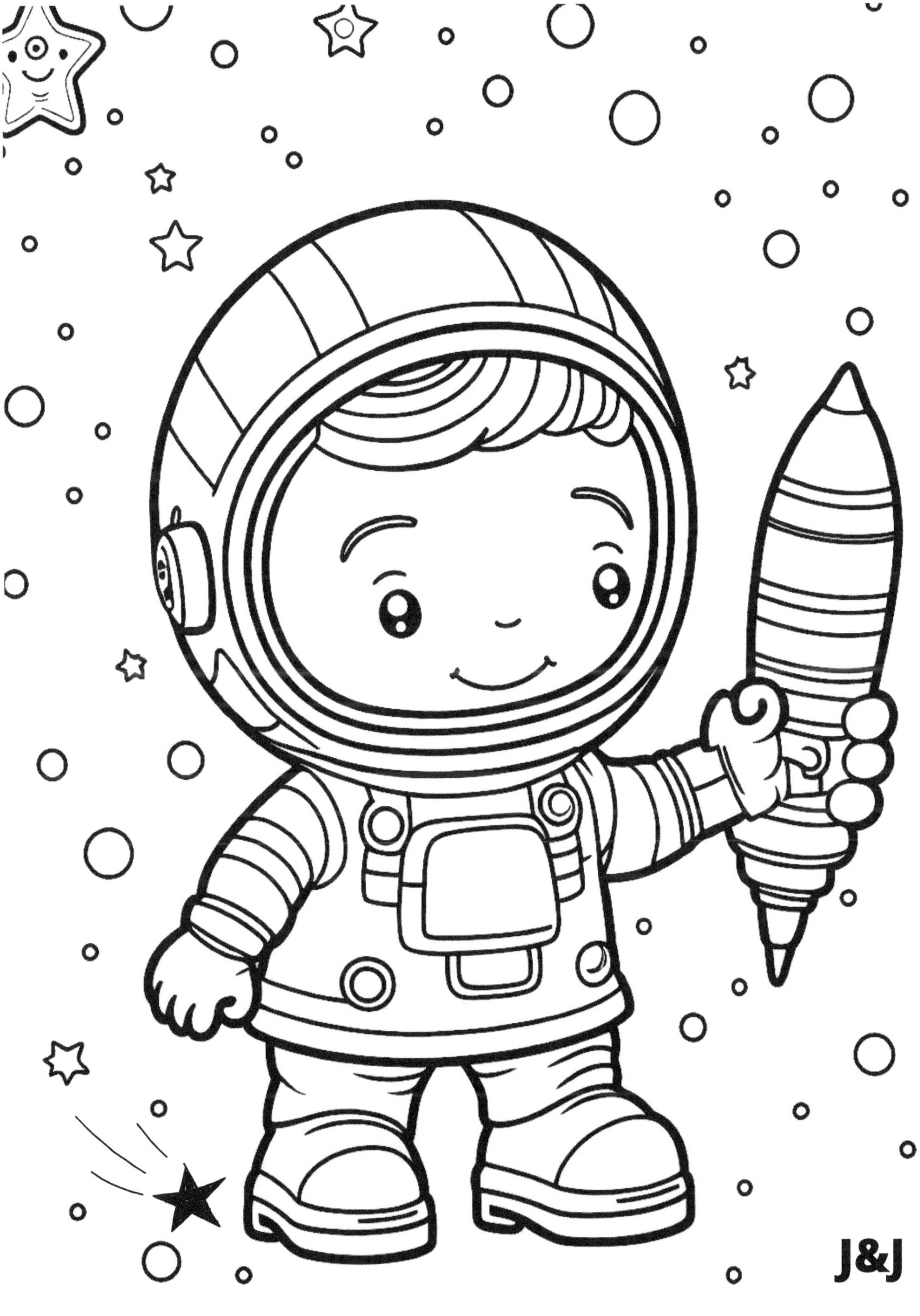

J&J

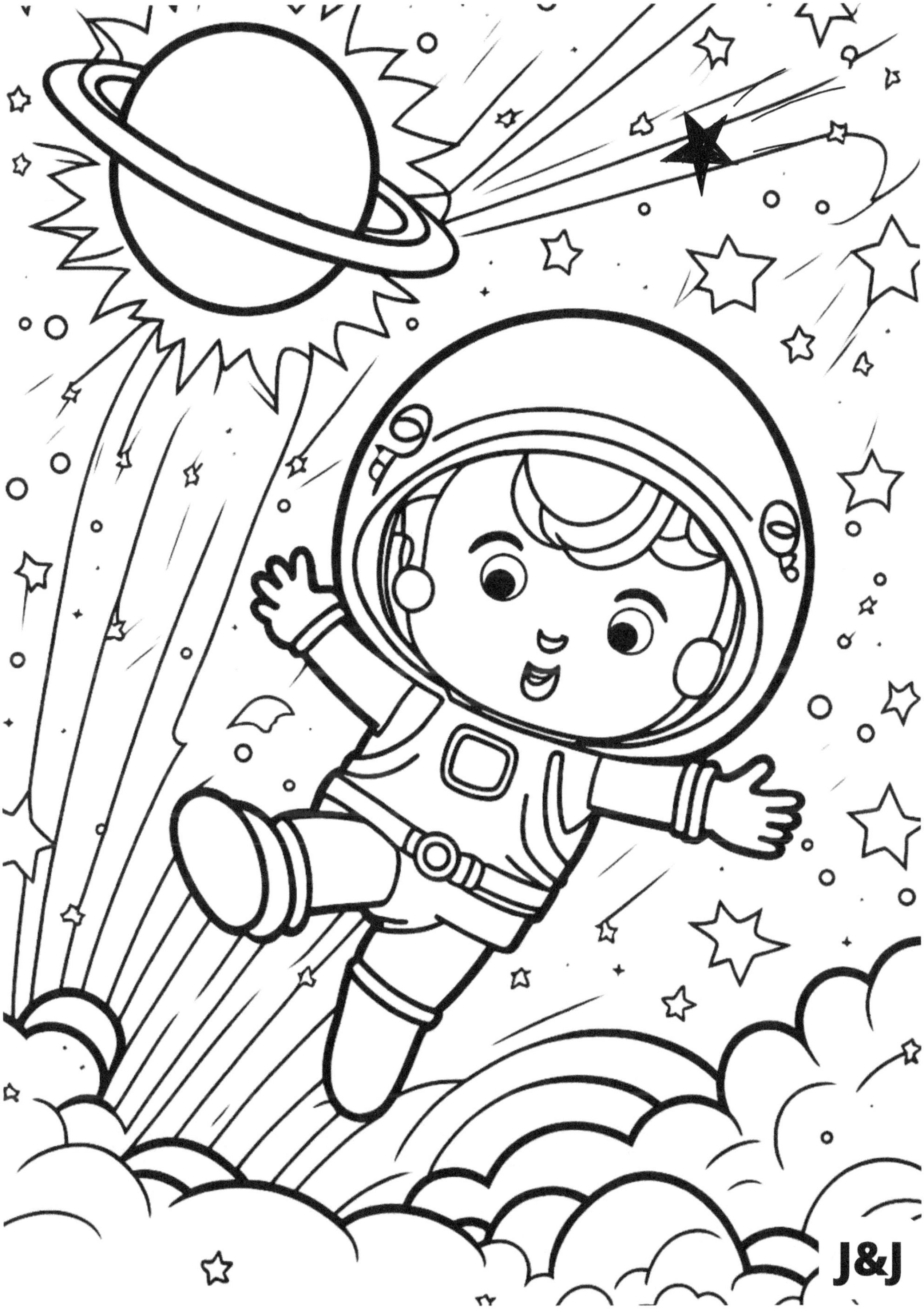
J&J

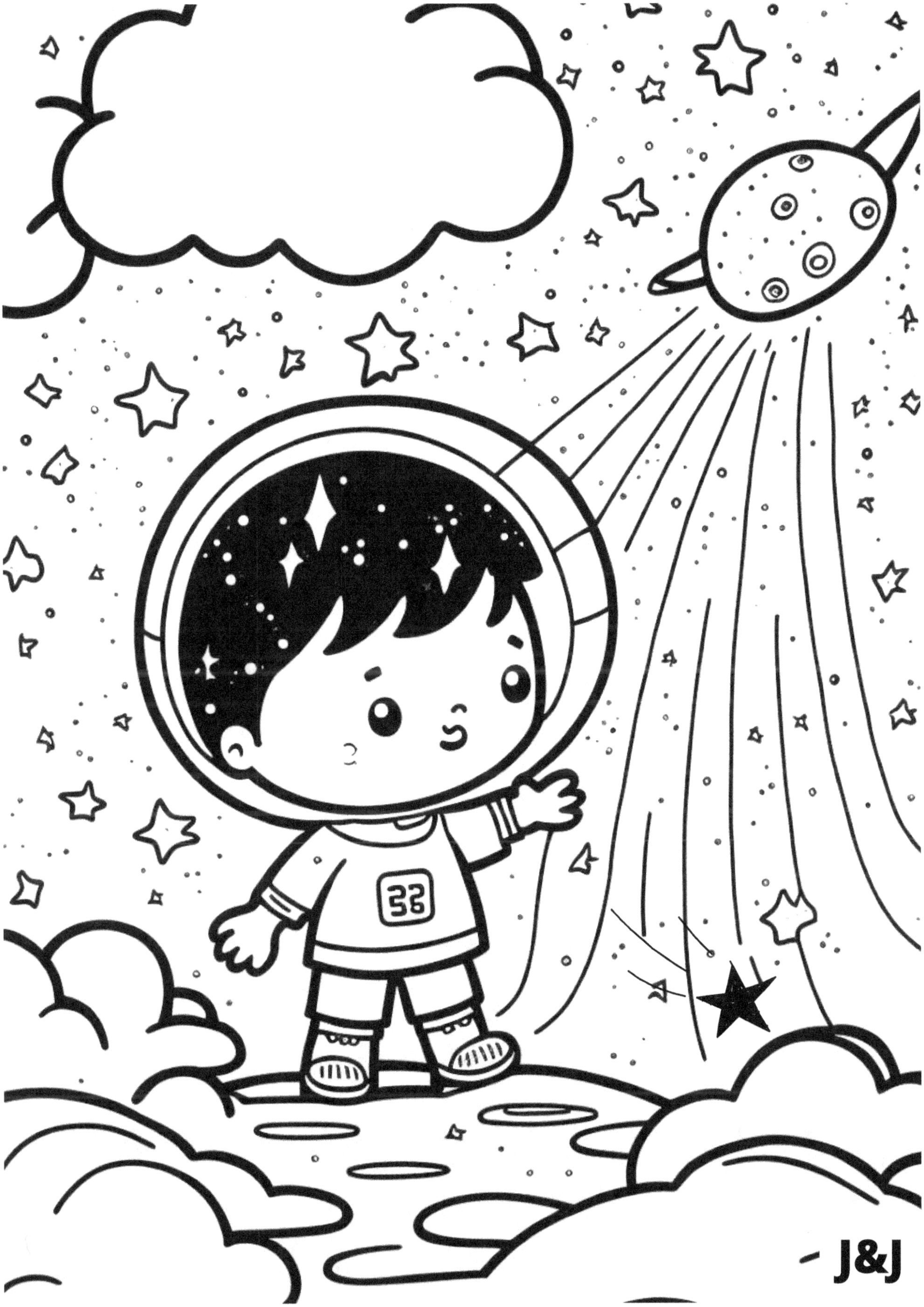
J&J

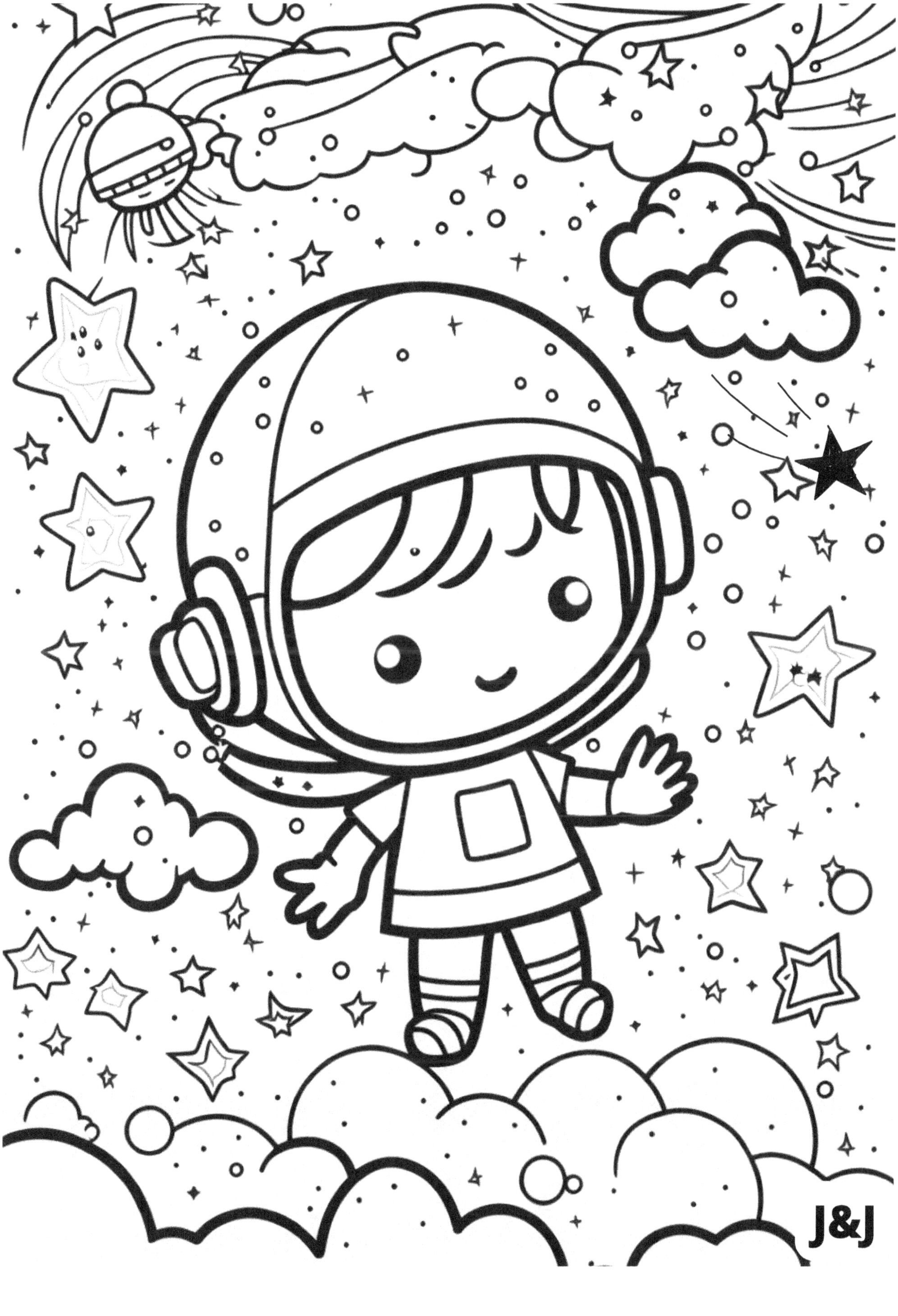
J&J

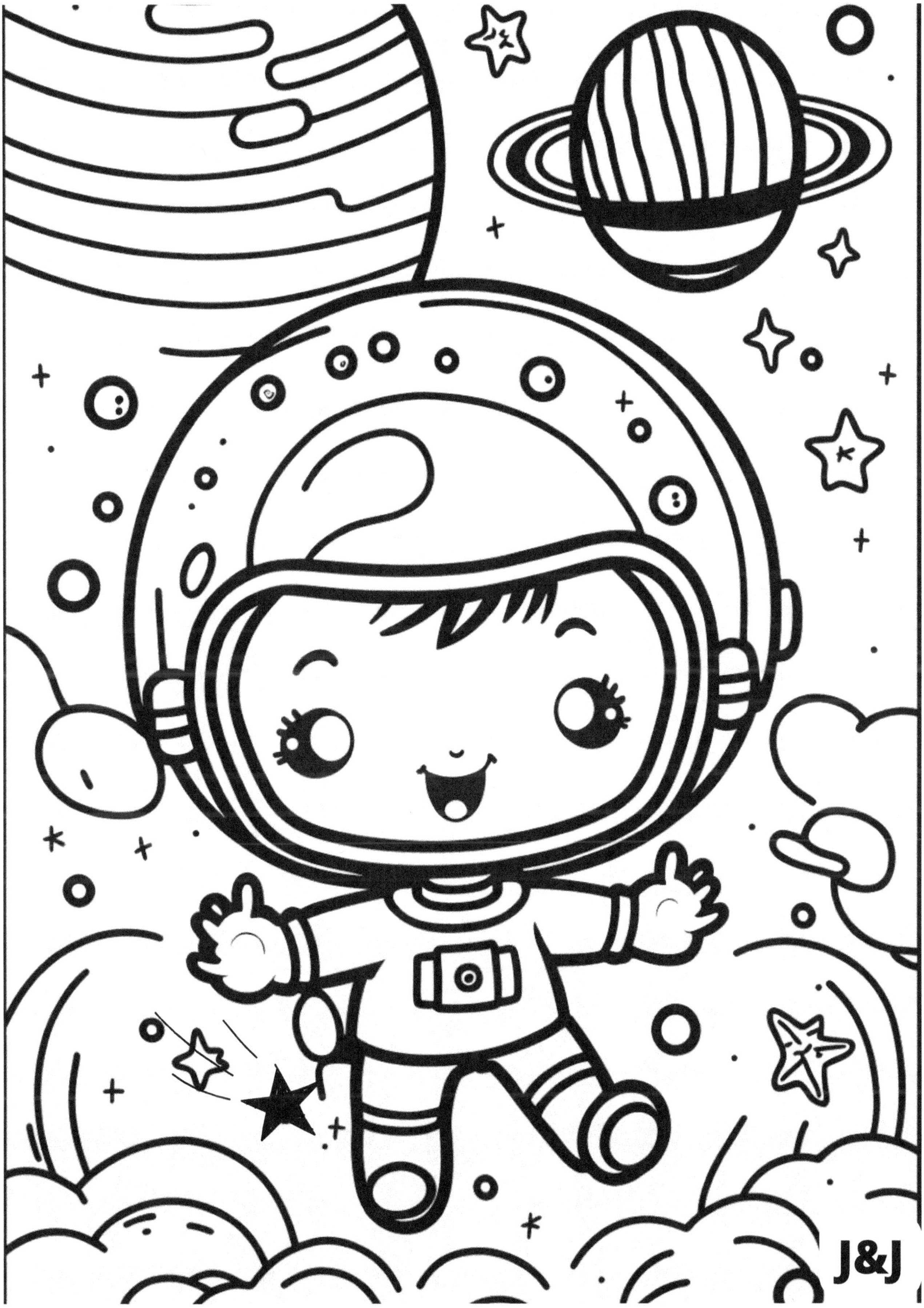

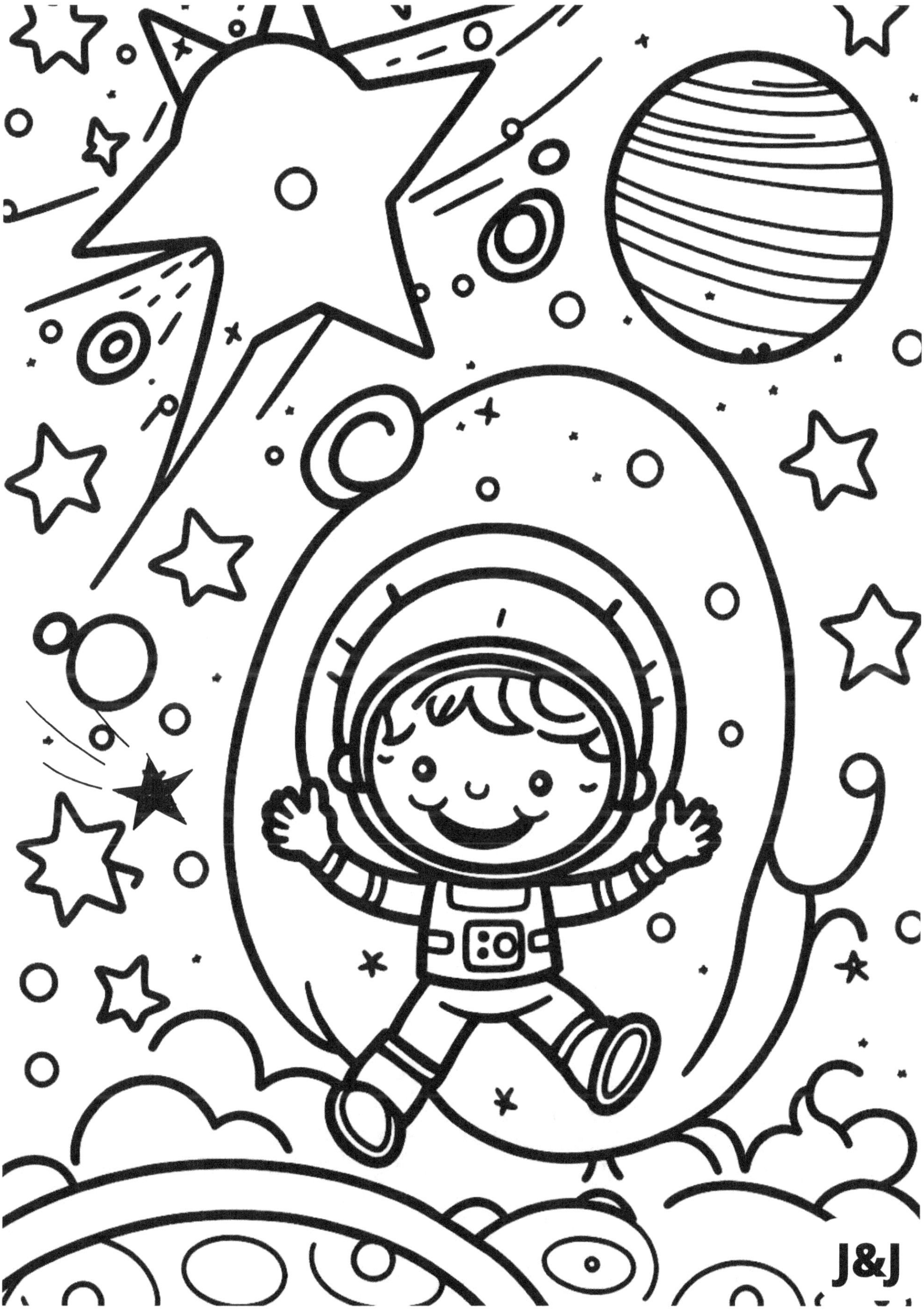
J&J

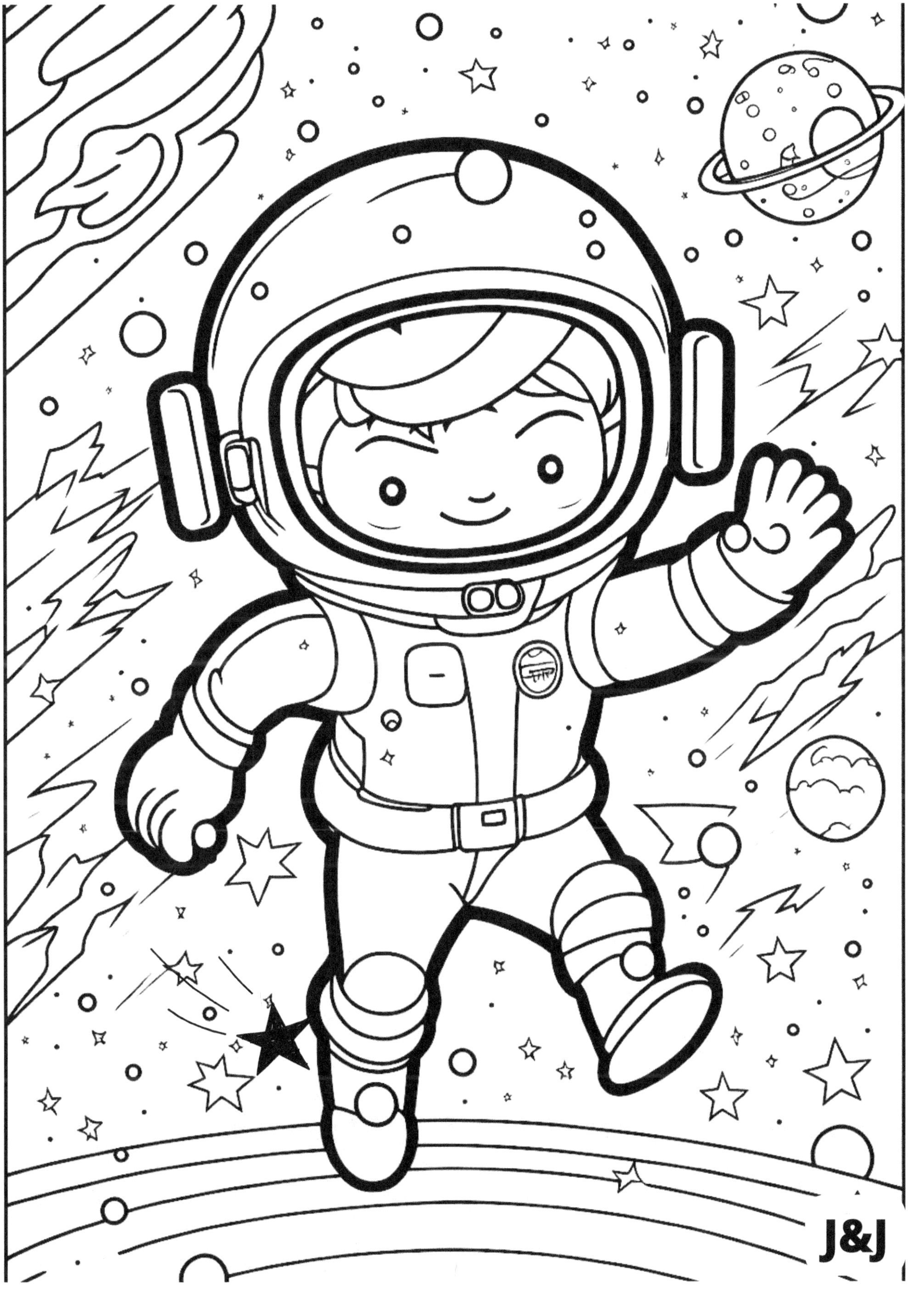

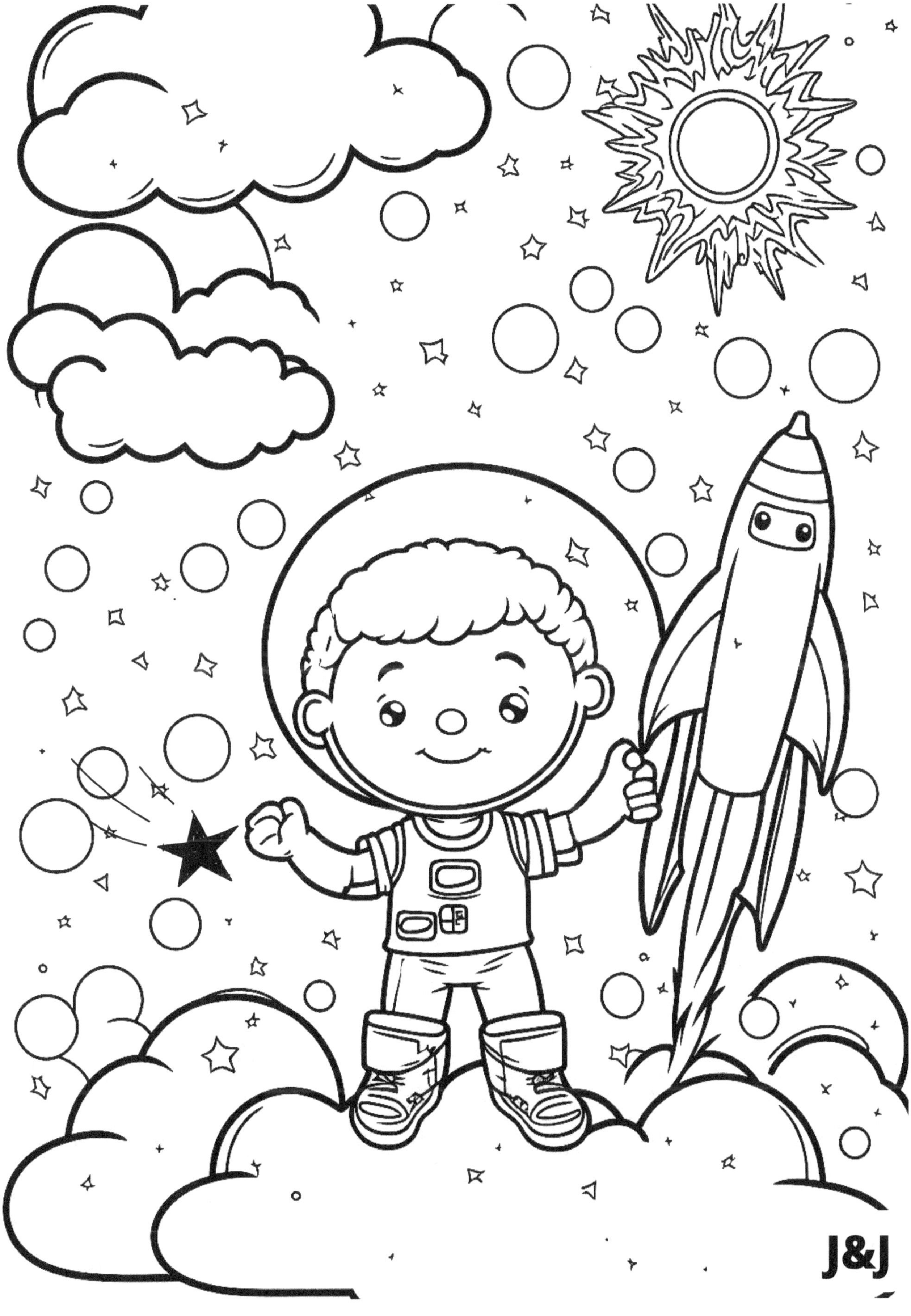
J&J

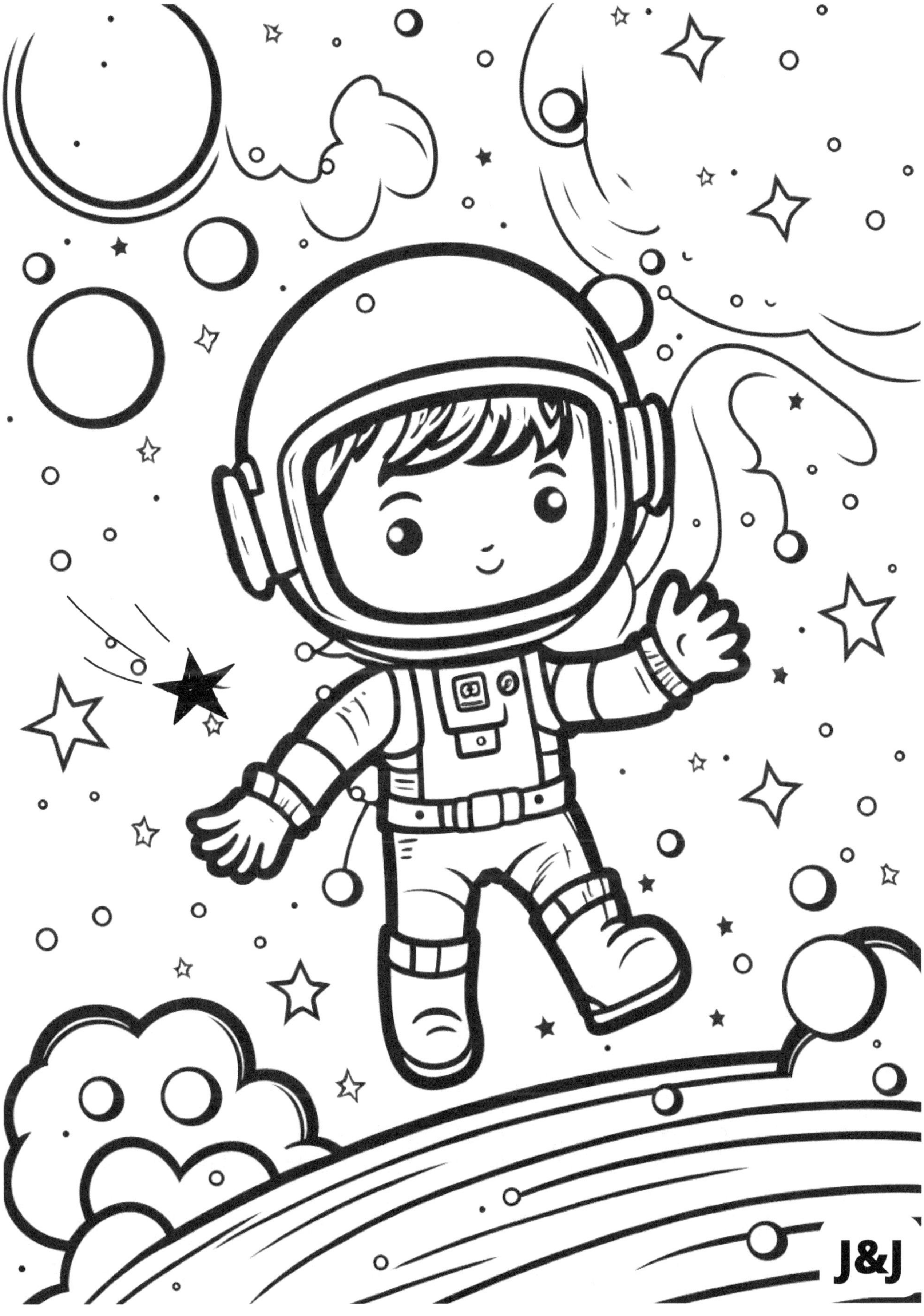
J&J

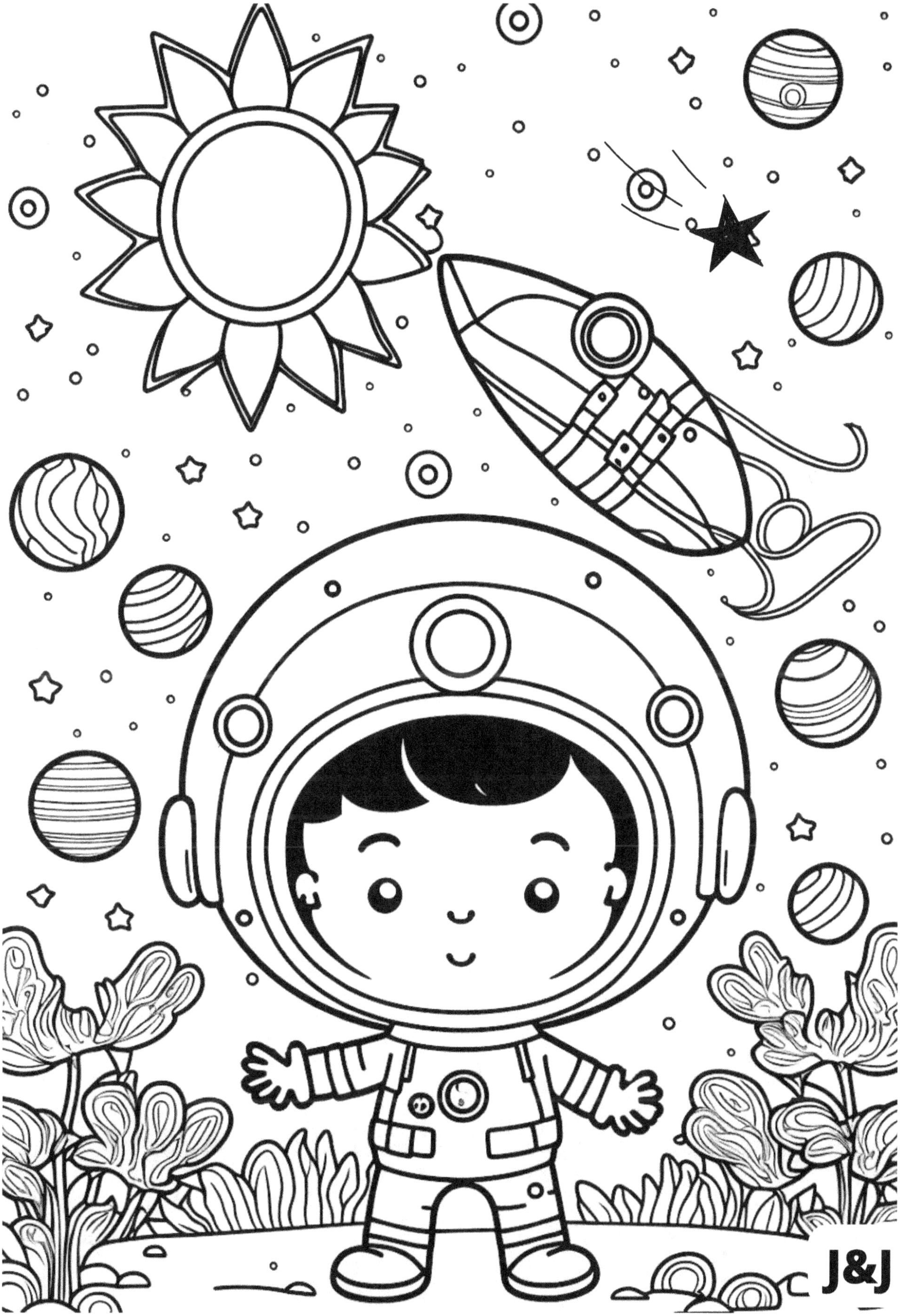
J&J

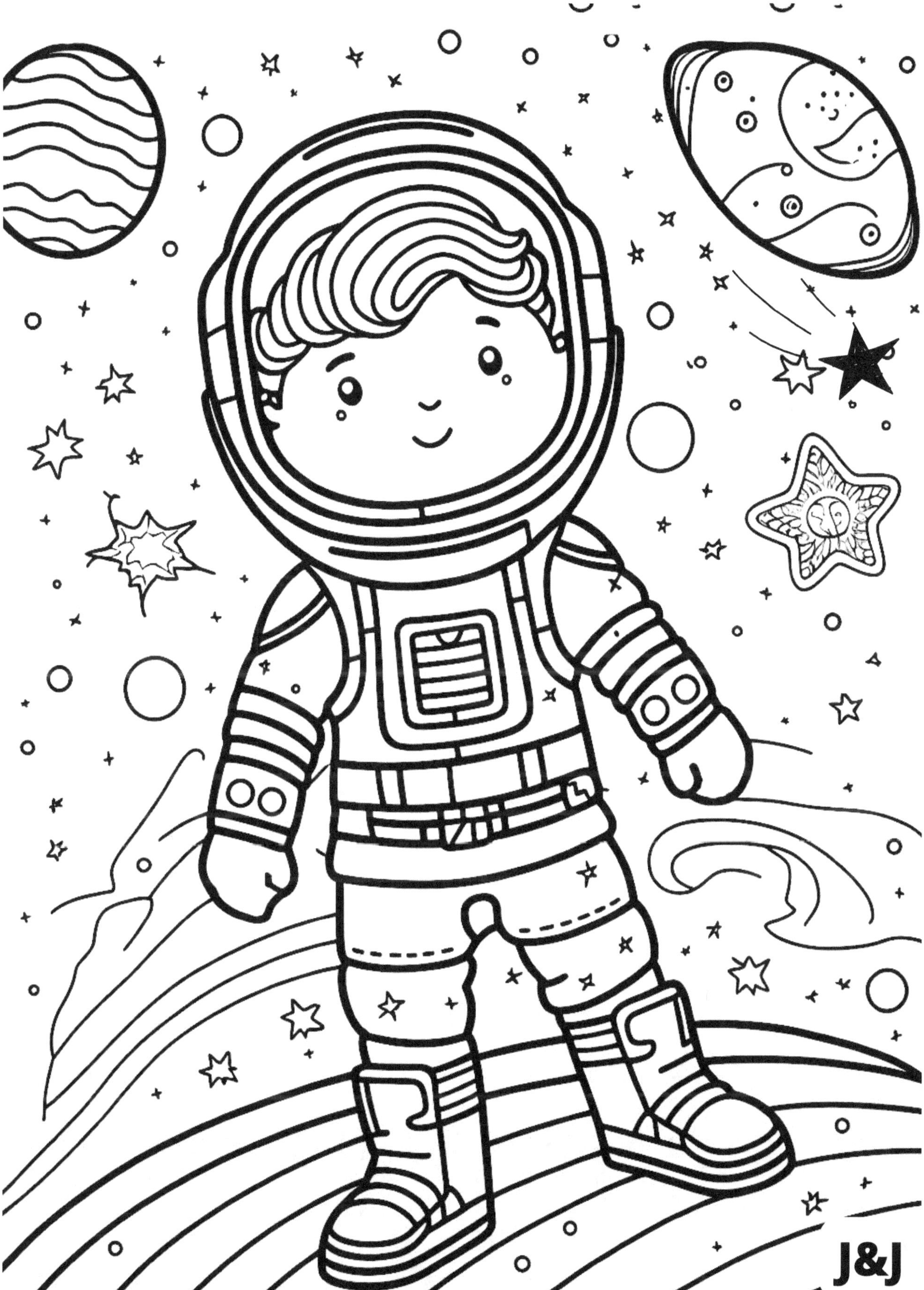

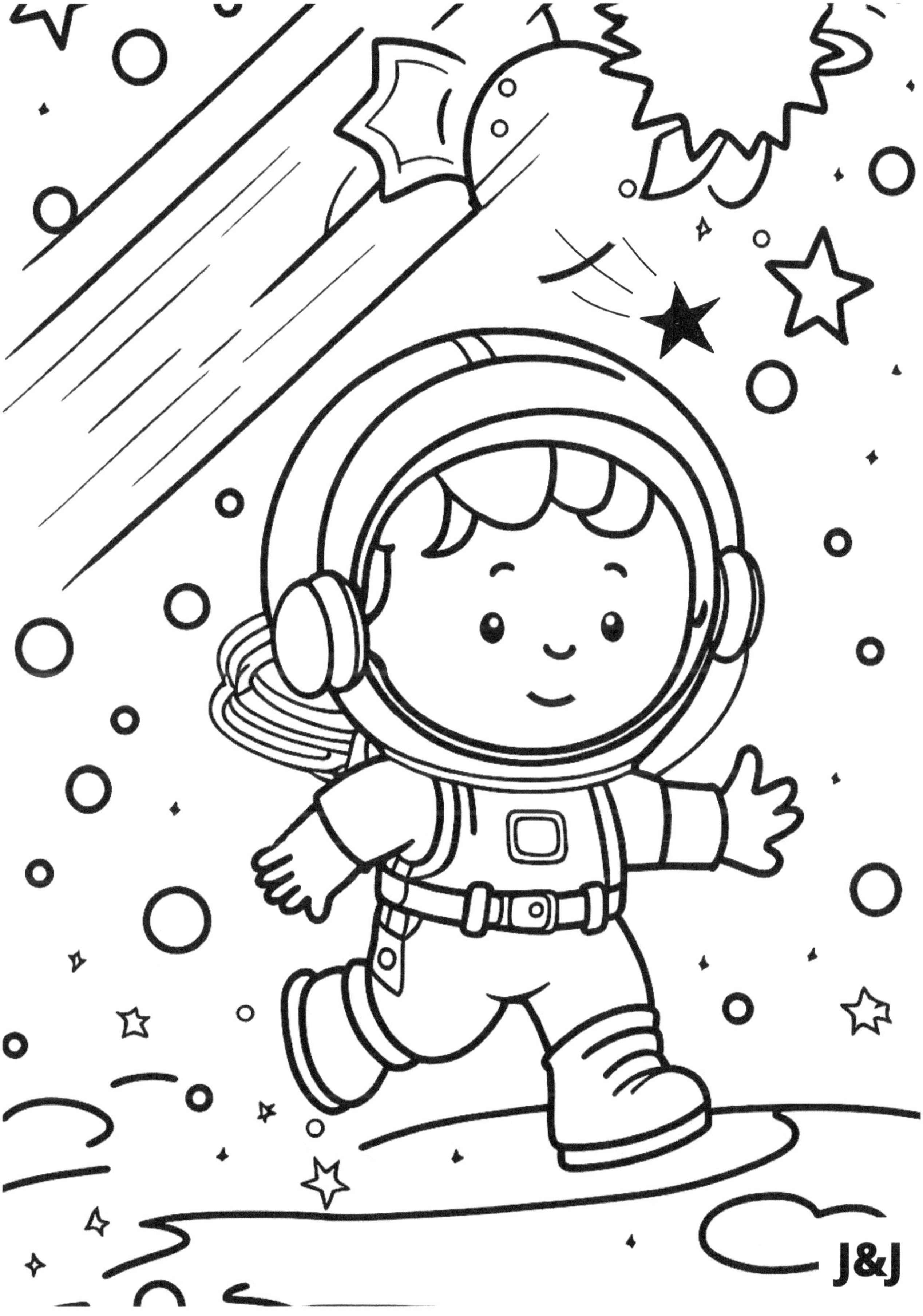

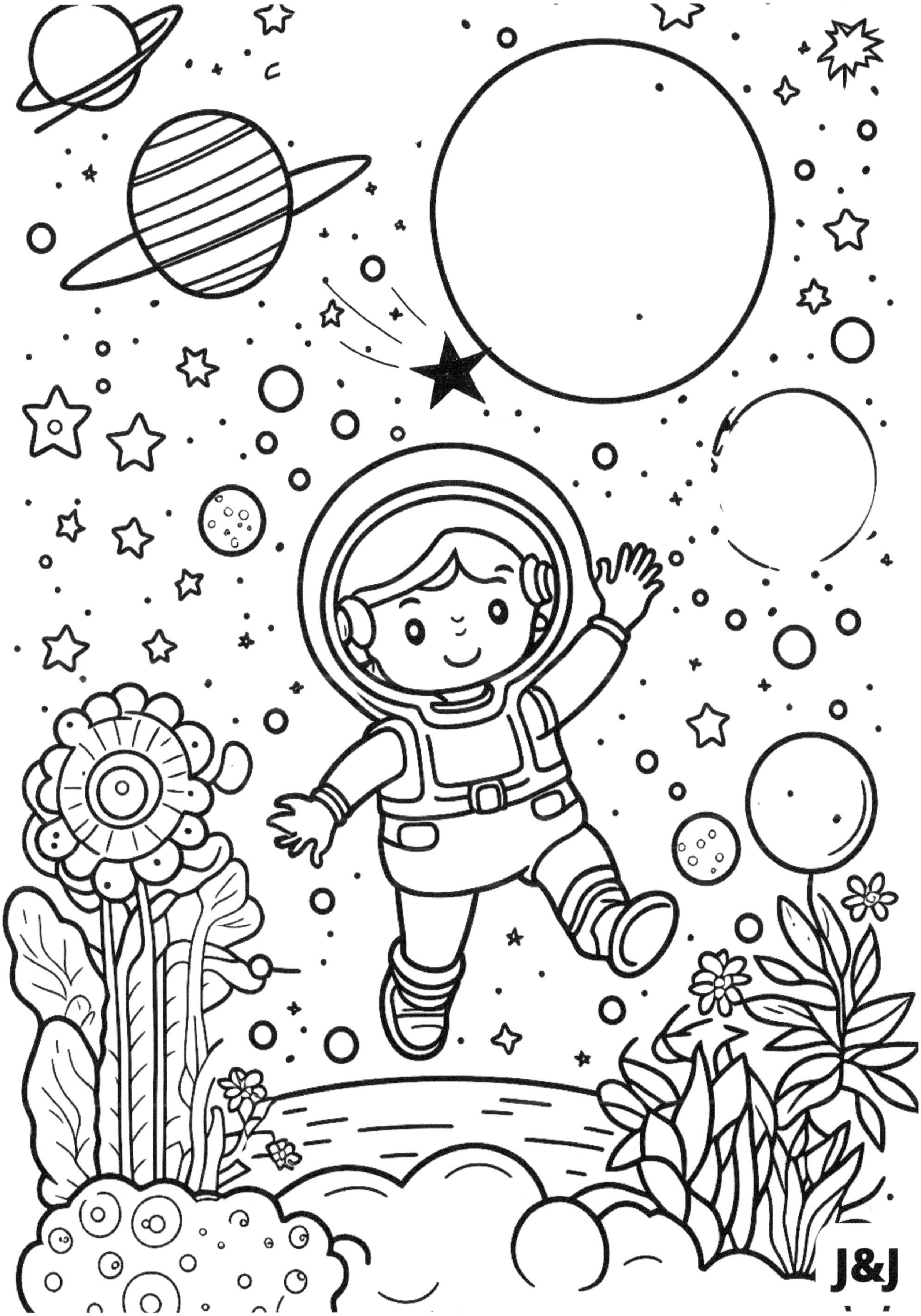

www.ingramcontent.com/pod-product-compliance
Lightning Source LLC
Chambersburg PA
CBHW081443220526
45466CB00008B/2490
9798397682756